沉淀的思考

郑州外国语中学教师读书札记

王丽娟 主编

Deep in Thought

Reading Notes of Teachers from Zhengzhou Foreign Language Middle School

中原出版传媒集团
大地传媒
大象出版社
·郑州·

图书在版编目（CIP）数据

沉淀的思考 ：郑州外国语中学教师读书札记 / 王丽娟主编.— 郑州 ：大象出版社，2016. 2
ISBN 978-7-5347-8257-2

Ⅰ. ①沉… Ⅱ. ①王… Ⅲ. ①读书笔记—作品集—中国—现代 Ⅳ. ①G792

中国版本图书馆 CIP 数据核字（2015）第 005343 号

沉淀的思考
——郑州外国语中学教师读书札记
CHENDIAN DE SIKAO
——ZHENGZHOU WAIGUOYU ZHONGXUE JIAOSHI DUSHU ZHAJI
主　　编　王丽娟

出 版 人　王刘纯
责任编辑　张　涛
责任校对　牛志远
装帧设计　张　帆

出版发行　大象出版社（郑州市开元路 16 号　邮政编码 450044）
发行科　0371-63863551　总编室　0371-65597936
网　　址　www.daxiang.cn
印　　刷　新乡市龙泉印务有限公司
经　　销　各地新华书店经销
开　　本　787mm×1092mm　1/16
印　　张　11.5
字　　数　126 千字
版　　次　2016 年 2 月第 1 版　2016 年 2 月第 1 次印刷
定　　价　32.00 元
若发现印、装质量问题，影响阅读，请与承印厂联系调换。
印厂地址　河南省新乡经济开发区中央大道中段
邮政编码　453731　　　电话　0373-5590988

编委会名单

郑州市教育局副局长田保华讲话

郑州市教育局副局长曾昭传讲话

校长王中立讲话

党委书记、执行校长王丽娟致辞

周娟老师分享《品好书　品教育》

员舒老师分享《爱的阳光》

吴俊玲老师分享《书灯》

李冰老师分享《绿色教师，智慧课堂》

郭世秦老师分享《一部关于教育的心灵“神曲”》

张冰老师分享《有一种美叫作不着痕迹》

文芸老师分享《行走，获取生活正能量》

李帅老师分享《用一生来备课》

李艳萍老师分享《润物细无声》

毛超老师分享《燃烧的生命》

彭秋丽老师分享《墨迹余香，宁静致远》

王红杰老师分享《立足当下　脚踏实地》

闫笑老师分享《用心做教育　用爱为人师》

梁茜老师分享《仰望东坡》

前言

在郑州外国语中学的文化建设进程中，“打造书香校园”一直是其最重要的内容之一。为了让读书成为一种习惯，让老师们成为职业读书人，郑州外国语中学连续三年分别以“品味书香，润泽心灵”“扬师风、颂师德”“聆听智者的声音”为主题成功举办了三届教师读书活动。在活动中，老师们通过阅读来感悟生活、沉淀思考，撰写了很多篇优秀的心灵感言。现择其精彩之作，编著成集，以飨读者。

最美的姿态

书，包容万物。读天，无际的长天予你灵性；读地，宽厚的大地赠你理性；读生命，多彩的生命报你真情。读书——是人在天地间最美的姿态！

郑州外国语中学的教师读书活动已举办三届，且每届皆以读书报告会的形式画上圆满的句号。在氤氲着书香的校园里，在轻轻流淌的音乐中，在短暂而又精彩的呈现下，老师、学生和家长们被参赛选手带领着驻足在智者思考的窗前，穿越过风云变幻的时空，流连着情意呢喃的人生……当一切都归于沉寂，每一颗心都仿佛一汪湖水，宁静而又满足；又像一片海，表面平静却思潮汹涌。

我庆幸，有这样一群读书人！我欣喜，有这样一群读书的教育人！他们推崇生命对生命的尊重、智慧对智慧的点燃、文化对文化的润泽；他们懂得要照亮别人需自己身上有光亮，要点燃别人需自己心中有火种；他们坚信能用愈来愈丰厚的灵魂塑造高品质的教育，能用世间最美的姿态浇灌祖国的未来之花。

于一个爱读书的民族而言，国富民强绝不是遥不可及的梦，但任何伟大的事业都不是一蹴而就的，读书犹需慢一些、久一些。我想，有了如此美好的开始，前路就有了方向。让我们在灯下捧一本书吧，透过一缕轻舞的茶香，与影响世界历史进程的伟大人物面对面，或促膝谈心，或引经论道。读诗性的光辉，读厚重的哲思，读浪漫的情怀，读崇高的灵魂。在纸间墨香的熏陶下，把奢华变为淡泊，促狭变为开阔，偏激变为平和，浊俗变为清雅。

而今，将这些美好的开始集粹成册，取名

为“沉淀的思考”。朴素的它包容了缤纷的美，一沉思、一昂首、一笑靥、一回眸、一字句、一篇章都记录着读书人的姿态。期待它犹如一块普通的鹅卵石，在水中能激起点点涟漪，在石中能撞出小小火花，在你的分享中能铺就收获美丽之路！

2015 年 10 月

目录

第一章 品味书香，润泽心灵

第二章 扬师风、颂师德

第三章 聆听智者的声音

第一章

品味书香，润泽心灵

玉虹彩带传锦华

——读《阅读大中国——丝路迷踪》有感

贾书节

在历史的长河中，有一串串璀璨的明珠，它像奇妙的魔术师，变幻着无穷无尽的锦绣，层层叠叠，绵延不息。

——题记

在人类文明史上，有这样一条文明之路——它历尽繁华，却坦然淡定；它饱经风霜，却痴心不改；它曾是世界上最长的陆上交通线，承载着沟通和传承文明的重任，却默默奉献，无怨无悔。它就是那条神奇的丝绸之路，也是外国人曾经顶礼膜拜的商路。带着崇敬的感情，他们为它命名：THE SILK ROAD。在这个夹带着精神的物质商路上，中西文明以一种有别于暴力的形式，开始了第一次大规模的碰撞和交流。

穿行于思想家的灵光之林，细细品味博大精深的中国文化。在这条商路上，川流不息的是文化的血液、文明的精致。这里有清净透亮、韵味无穷的河流，碧绿而婉约的湖泊，雄伟壮观而又风光旖旎的雪山，蜿蜒迤逦如工笔画的丘陵，深邃寂静、风刻阳刺的苍茫沙漠，“天苍苍，野茫茫，风吹草低见牛羊”的辽阔草原。蓝天、白云、戈壁、阳光，“大漠孤烟直，长河落日圆”，自然界的胜景在这里得到升华——牧笛之歌惊醒了沉睡的马群，洁白的羊群如中国画的精华技法泼墨一般，展现出一幅幅生动的画卷。动与静，灵秀与苍莽，秋水长天与西风古道，在这条神奇商路的连接下，立刻生动起来。

丝绸之路的神奇，不在于它穿行于绿树成荫的繁华都市。这个从长安开始的商路，历经沧桑，直抵欧洲。那回响在大漠戈壁的驼铃，如千年传响的文明之音，又似一条彩色的玉带，传送着中华文明的精华和气魄。

两千多年前，张骞出使西域可谓“凿空之举”，而他出使西域的最初目的竟然是联合大月氏夹击匈奴。在历尽了千辛万苦之后，他却没有得到大月氏的积极响应。他了解到当地人怀有和中原地区人民交流的强烈愿望，于是再次出使西域，最终促成了西域和中原的友好往来，成就了世界上一个永远的传奇。它不是一条阴冷之路，与新航路的血腥和野蛮相比，它安稳度日，这种东方智慧隐藏于人们欢笑与收获的满足场景中，西域人被舶来的礼物包围着，被中国的茶叶、丝绸、瓷器、优质的粮食包围着，被长安这个神奇的都市包围着。于是在那个时代，“长安”“中国”成为西域街头巷尾的热词。他们惊呼，这是中国人的信仰之路、繁华之途。

张骞以自己的方式、以惊人的毅力和坚忍不拔的意志，奋力开通了这条沟通希腊文明、两河流域文明、埃及文明、印度文明和阿拉伯文明的桥梁——丝绸之路，带来了思想界、宗教界、文艺界、商界、工匠界、文化界的兴盛与发展，伟大的汉唐盛世从此造就。对外开放，和谐共处，和平发展。

国有国魂，城有城魂，路也有魂，就是路魂。

久远、神秘、深邃的丝绸之路，承载着多少文化的重托。且不说世界文明奇迹秦始皇陵兵马俑，也不说新疆的楼兰古城，单是一座敦煌莫高窟，就足以震撼世界。这里的壁画与彩塑无与伦比，浑然天成。看到这些，一位学者深情地写道：“色流猛地一下涡漩卷涌，当然是到了唐代。人世间能有的色彩都喷射出来，但又喷得一点儿也不野，舒舒展展地纳入细密、流利的线条，幻化为壮丽无比的交响乐章。”“一到别的洞窟还能思忖片刻，而这里，一进入就让你燥热，让你失态，让你只想双足腾空。”中国的文明能够以一座小城市的名字而命名，继而成为大批学者争相研究的学问——“敦煌学”，这在世界历史上是绝无仅有的。它像“红学”一样，红遍中国，影响世界。

和辉煌的“大文明”相比，这条神奇之路承载的是看似“小文明”的重任。这里有袅袅炊烟缭绕的民间欲望，日出而作，日落而息。天山和昆仑山的雄健伟岸,却能孕育出温润晶莹的玉石,恰如世代生活在这里的维吾尔族姑娘的英姿。我油然而生一种情怀,这难道不是自然界的鬼斧神工吗?雄健与温婉,不正是自然界的阴阳平衡吗?

这条流动的文明包含着善良、包容、慈悲、智慧、心灵的宁静与安详、感激和大爱、幸福的回忆和旅途的辛酸,百味人生一路尽知。在这条道路上,你读到的是繁华背后的宁静,艰辛背后的沉思,饱经风霜后的坦然,更是千年风雨之后的灵慧。

丝绸之路,商旅之路,文明之路,心灵之路,永恒之路。这条和平之路永存于人与人之间,国与国之间。

走近李镇西，倾听大师的声音

刘清祎

初识李镇西是在某一期的《班主任之友》上读到他的一篇文章，当时即被他和学生之间的故事所感动，为他的教育理念所折服，惊诧于他对学生那博大无私的爱，同时又觉得，长久萦绕在脑海中的一些困惑突然烟消云散，犹如拨云见日般眼前一片阳光明媚。此后，我开始搜集李镇西的作品，从《爱心与教育》到《做最好的老师》《花开的声音》《风中芦苇在思索》

《青春期悄悄话》，再到他的一些教育随笔，看得越多就越佩服他，心底有一个越来越清晰的声音：老师就应该这么做！诚然，我可能没有李老师的生花妙笔、锦绣文章，但我可以做到和他一样对孩子无比热爱，拥有和他一样的教育理念和教育方法。谁不盼自己的孩子有这样的老师？孩子的一生中能遇到这样的老师，该是何等幸运！

苏霍姆林斯基说过，如果你不爱学生，那么你的教育一开始就失败了。陶行知也说过，真教育是心心相印的活动，唯独从心里发出来，才能打动心灵的深处。培根说："真正能感动人的只有一个字，那就是——爱。"泰戈尔说："不是槌的打击，乃是水的载歌载舞，使鹅卵石臻于完美。"读李老师的作品，打动我内心深处的，就是这"爱"！

爱是相互的给予和传递。在通信发达的今天，有哪一位老师能够坚持按学号轮流家访？又有哪一位老师能够在那挥汗如雨的日子里，在办公室里一坐就是 14 小时？那些整理出来的班级文集既不能作为申报职称的专著，也无助于学生高考"抓分"，试问，在现实社会中，有哪一位老师能如此无私地做这些工作？本身的教育教学工作已经让人够忙了，谁还能数年如一日地与远方的朋友通信，然后利用这可贵的资源，对自己的学生进行教育？这些，李镇西都做到了。苏霍姆林斯基想把每一个学生都培养成幸福的人。李镇西认为，教学大纲、教科书规定了给予学生的各种知识，但是没有规定给予学生最重要的一样东西，那就是幸福。学海无涯苦作舟。在人生的道路上，李老师用他那充满浪漫气息的真挚情怀，给予了学生深深的爱。投我以桃，报之以李，他自然拥有了一批又一批与他心心相印的学生。是那一张写着"镇西兄——血脉虽不相连，心灵永远相通"的贺卡，是高考前一日偷偷送上的生日祝福，是离别前追随火车的身影……大珠小珠落玉盘，爱心谱写的动听旋律是幸福的教育诗篇，是师生幸福行走的教育最高境界。“把人当人”“要培养真正的人”是李老师育人生涯的一贯追求。他用“五个统一”，让爱国主义教育有了实实在在的内容；在开学的第一天，他就教育学生让人们因自己的存在而感到幸福；他注重培养学生爱他人的良好品质；他倡导教育者应让每一个孩子都抬起头来；他努力培养学生的平等意识；他用人格魅力去征服学生；他认为师爱的一个重要内容，是教师应尽量不要伤害学生的自尊。他对学生的教育从大处到小处，从“品格”到“习惯”都渗透着“真诚的人道主义情怀”。李老师说苏霍姆林斯基“和一般的教育家不同，苏霍姆林斯基不是以‘学者’或‘研究家’的身份去冷峻、“客观”、孤立地研究教育，而是充满真诚的人道主义情怀，把自己的一腔激情洒向他的每一位学生。他的深情的目光首先对准的是一个个人的心灵而不只是具体的教学环节或手段，他一生所关注的始终是每一个学生的个性的发展。这就使他的教育境界远远超过了一般侧重于研究教育技术的教育家，而使教育真正进入了人的心灵的宇宙”。

让我们一起聆听李老师的声音——做最好的教师。李老师一直这样对自己说，“我可以非常自豪地说，从教25年来，风华正茂也罢，人到中年也罢，默默无闻也罢，‘暴得大名’也罢，普通教师也罢，‘教育专家’也罢……这一切都没有改变我的生活状态，那就是——我一直都在一线，一直都在讲台，一直都和学生零距离！”手指在纸上移动，我分明体会到了李老师的淡泊、满足、自豪——“我依然每天坚持完成好我的‘五个一工程’……”你说我能不佩服李老师吗？做最好的教师“是一种平和的心态，也是一种激情的行动；是对某种欲望的放弃，也是对某种理想的追求；是平凡的细节，也是辉煌的人生；是‘竹杖芒鞋轻胜马’的闲适从容，也是‘惊涛拍岸，卷起千堆雪’的荡气回肠”。原来生活在学生中就是幸福，就是“最好”！

爱我们身边的人，因为爱是人类延续的一大原因。也是因为爱，才让我读到了最质朴的文字、最朴素的情感，从而更觉得李老师用心灵谱写教育诗篇是如此幸福。

一部关于教育的心灵“神曲”

——读《致青年教师》有感

郭世秦

我在新华书店偶遇《致青年教师》便被它封底上作者的话所打动:“我经常憧憬这样的图景:在早晨的阳光中,孩子们哼着歌向学校走去,有时能停下来看看太阳;学生能经常地向教师提出有意思的问题,课堂上经常能有愉快的笑声;中午,他们能吃上一份由政府提供的、全国城乡同一标准的营养餐;学生能保有自己的爱好,下午4点起,他们在球场上奔跑叫喊,或者在图书馆查阅资料,在实验室研究自己感兴趣的问题;晚上,做完作业后,捧起一本诗集,轻声地读给妈妈听……”

这一段文字除了体现作者作为一位教育工作者对教育未来的期许,同时也展现出作者关怀人的个性,维护人性尊严,主张自由平等和关注自我价值体现的人文主义情怀。正是这份热切的渴望与高尚的情怀吸引着我。

在阅读之前,我先了解了一下作者吴非的概况。

吴非,原名王栋生,南京人,著名杂文作家,江苏省特级教师,首批教授级中学教师,是一位名副其实的教育专家。这位有过多本专著的教育专家,在开篇的自序中没有以“传道、受业、解惑”云云来博引造势,也没有推进××、某某要求等官话、套话,而是大声疾呼“办人民满意的教育,也要办对民族未来负责的教育,还要办对教师职业生命负责的教育”。

作者认为“对教师职业生命负责”不仅仅是教育政策制定者和管理者的职责,也应当是教师自身的追求。在各种教育思潮冲击和无数物质诱惑的今天,青年教师不仅要关注教学技术层面上的发展,更要有“进乎技矣”的职业追求,要明白形成正确的教育观念比掌握教育技术更重要。

在阅读过程中,我时刻都能感觉到作者的良苦用心,他对当今青年教师在教育过程中容易忽略的问题和出现的过失进行了详细的记录和全面的分析,并且针对这些问题提出了切实的建议。我将这些内容与我的实际工作结合,惊奇地发现我的业务水平竟在短时间内得到了较快的提升。我与作者就如同《神曲》中的但丁在维吉尔的引领下游历地狱和炼狱，完成心灵的洗礼一般。

这本书给我印象最深的一点就是，作者不断强调：应当做个有胸襟的老师。

作者认为要做一名有胸襟的老师，首先应当是一名对自己学生坦诚的老师。坦诚，就是把你的爱、你的悲伤和失望，甚至你的恨，都真实地袒露在学生面前。只有情感健全的教师才能引导学生孕育出人性中最美好的情感。教师的情感体验对学生有着很强的启示作用，从这个意义上说，教师应当是真、善、美的传播者。

教师的胸襟来源于对自我职业的热爱；对职业的热爱，往往来自对自己专业的热爱。对自己专业的热爱体现在既要经过学历教育，还得不断地学习，只有通过严格的持续的学习，才能提高专业素养，保证自己的专业地位。这里的专业素养不仅指对本学科知识的掌握程度，更是一种保持专业修养的意识。教师的专业知识应当高于学生，能力素养更应该高于学生。教师应该表现得比学生更善于学习，因为“教会学”也是教师的一门专业技能。

做一位有胸襟的教师，更要有足够的耐心。在书中，作者大声疾呼“不要急”。作为一名青年教师，我刚刚踏上讲台不久，看到同组的老教师取得的成就十分羡慕，梦想着自己也能像他们一样获得众多的荣誉，拥有更高的职称，得到更多人的认可。所以总是想寻找快速“成功”的法门，整日思索如何能够走捷径，跳程序。大量的精力和时间都投入在盲目的追逐和攀比上，真正投入在学习教学方法和班级管理上的时间少之又少。久而久之就变得好高骛远，整日空想成就，不肯脚踏实地地工作。取得一点儿成绩就沾沾自喜，自以为是；碰到挫折就灰心丧气，自怨自艾。这样的青年在作者的眼里是不适合做教师,更不适合做班主任的,甚至可能需要接受心理辅导。因为这样的青年站得不高,缺少教育别人的“本钱”。教育的一个重要特征就是“慢”,教育教学是“慢”的艺术,教师自身的专业发展也需要一个很长的时期。欲速则不达,我们今天所做的一切努力,必然要在一段漫长的岁月之后才能看到结果。尊重客观规律的辛勤耕耘,没有功利意识的沉潜,才有可能使我们所从事的工作变得有意义。作者说:为了明天不后悔,今天就不要太急。

“十年树木,百年树人。”我们经常会引用这句话,但是未必都能完全将其作为自己教育的原则去践行。作为中学教师,我们陪伴学生的不过三年时光,这对于他们来说只不过是人生的一小部分。在教育的过程中,我们应当更加注重学生的终身发展,而不是仅仅关注眼前,急功近利地拔苗助长,用过激的语言和行为强制改变学生,给学生留下负面影响,最后成为戕害学生未来的“凶手”。

以上只是我从这本书中汲取的一小部分感受。在这本书中,作者站在一个过来人的角度,深刻地描述和诠释了从一名懵懂的青年教师,成长为合格的成熟教师需要遵循的原则和做出的努力。

翻开这本书,好像作者就坐在你的面前,娓娓道来,和你谈着心,聊着天。春风拂面的语言,伴随的是震撼心灵的感受。作为一名刚刚走上讲台的青年教师,有幸能够读到这样一本关于教师成长的好书,真的感到受益匪浅。今后,我将结合自身的工作实际,将这些文字融入工作和生活中去,完成真正的心灵的洗礼。

绿色教师，智慧课堂

李 冰

从《高效课堂22条》到《中国教师的奇迹》，从《做最好的老师》到《教师最需要什么》，从《卡耐基全集》到《哈佛家训》，从《水知道答案》到《培养真正的人》等书中，我汲取了大量的智慧和灵感，浓缩成八个字，那就是“绿色教师，智慧课堂”。

我们需要绿色的教师

苏霍姆林斯基说:“如果你想让教师的劳动能够给教师一些乐趣,使天天上课不致变成一种单调乏味的义务,那你就应当引导每一位教师走上从事一些研究的这条幸福的道路上来。”

我们做老师的,从事的工作一般是长期的和固定的。如果我们仅仅把教书看成一种谋生手段,那我们所从事的工作将是单调的、无聊的,甚至是痛苦的。反之,如果我们把教书当成一种事业去经营,那我们所从事的工作将是多彩的、有趣的,甚至是享受的。

每天面对相同的学生、不同的心灵,是多么美妙的事啊!当你听到学生在课堂上的创新回答时,你是否感受到了骄傲与自豪?当你看到学生取得进步后得意的笑脸时,你是否体会到了愉悦与甜蜜?当那一张张饱含感恩之情的精致贺卡飞到你的手中时,你的心里是否溢满了幸福与满足?

在第一次翻开《水知道答案》时,书中的图片让我震惊了。上百张前所未见的水结晶照片,向我们展示了一项罕见的独特景象:水能听,水能看,水知道生命的答案!当听到“爱”与“感谢”时,水结晶会呈现出完整美丽的六角形;当被骂作“浑蛋”时,水几乎不能形成结晶。

书中传递给我们许多信息,并与我们内心深处最单纯、最洁净的部分产生着共鸣。

书中的事例让我想了很久。在我们的生活和工作中会遇到很多人和事,我们要用怎样的心态对待别人、对待工作、对待生活呢?水都知道答案，何况人乎？

所以，我们应该做绿色的教师，具有阳光般的心态，拥有大海般的胸怀。做绿色教师的宗旨是：爱工作，不影响生活，更不影响身体；爱生活，不影响工作，更不影响成绩。

做绿色的教师，不仅要拥有生命中的绿色，而且要给自己的家人、朋友、学生带来更多的绿色，让他们因自己而更快乐。爱——由心而生，才能打动你所爱之人。

我们需要智慧的课堂

做绿色的教师，我们就应该给予学生智慧的课堂，让学生成为课堂真正的主人。我们所要做的，是把学习方法无私地教给学生，让他们认识到：自己的梦想自己做主！他们才是自己真正的主人，老师和家长只是他们的帮助者和助威者。

在我的课堂上有六个基本原则不变：学生能讲的题，自己一定不讲解；学生能完成的事情，自己一定不帮忙；把一个优点最大化，不错过任何一个表扬学生的机会；把一个缺点最小化，不错过任何一个学生改过的机会；不偏向任何一个学生；不放弃任何一个学生。学生的心顺了，学习自然而然就向上走了。在教学之余，我常常在想：我们到底要教给学生什么呢？答案是肯定的：做人和做学问！先做人，再做学问。这个顺序很重要！让学生在重压下有个良好的学习心态，让他们在学习知识时有点快乐，在繁重的课程中有点回忆。在他们人生的十字路口，为他们点一盏明灯，指引他们到达胜利的彼岸。

德国教育家第斯多惠认为,教育的最高目标就是激发主动性,培养独立性。

学生的潜能是无穷无尽的,只要教师或家长及时地投入一颗火种,他们就会熊熊燃烧,产生无穷无尽的力量。潜能被挖掘出来后,他们自然就会把学习当作自己的事情,也将真正成为自己的主人。

我要做一颗火种,一颗智慧的火种,让学生“学在课前,练在课堂,用在课外”。在每一节课中,与学生的心灵碰撞出智慧的火花,让智慧的种子在学生心里生根,发芽。

既然我选择了教师这个职业,就应该坦然面对,用心灵感染心灵,用爱心呼唤爱心,用公平塑造公平,用责任传递责任,用诚信打造诚信,用细节勾画细节,用精神巩固精神,用追求升格追求,用快乐挽留快乐,用梦想成就梦想。

书　灯

吴俊玲

一个寒冷的冬夜，我在灯下翻开了于春祥先生的一本书——《发现高效课堂密码》。高效课堂有什么密码呢？好奇心拽我坐下，我开始细细品读起来。

传统课堂多以分数为旨归，有时甚至会不择手段地追求分数的提高；高效课堂则主张演绎“生命的狂欢”，使生命活力与课堂效率偕同共振，从而实现高效课堂的价值。

"生命的狂欢",多么生动形象的比喻呀！学生们在课堂上争先恐后、踊跃参与,课堂气氛活跃欢快、热烈融洽的画面一下子就浮现在我的脑海,这不正是我向往的课堂吗？虽然我的课堂或多或少也有这样的元素,但是在教学进度、考试成绩等多重压力下,我不敢把它发扬光大。今天,我要在这里大声疾呼:让我们把教室变成学堂,把精彩还给学生,引领学生演奏一曲"生命的狂欢"吧！

怎样演绎"生命的狂欢"呢？于春祥把"生命的狂欢"课堂模式总结为:三维目标记心间,学展点练四连环。没有学、没有展,紧闭尊口不发言。有了学、有了展,师生一起再点练。

联想自己的课堂,近年来,我一直坚持"先学后教",并形成了自己独特的"依纲自学、小组合作、答疑解惑、反馈练习"四步教学模式。这个模式与"生命的狂欢"课堂模式大致吻合。自上学期以来,我又开始编写、使用导学案,并坚持做到"节节清"。这样做,不但提高了课堂效率,减轻了学生负担,而且让学生看到了自己学习的成果,体验到同伴间表达分享的快乐。

反思自己的课堂,我也发现了一些问题:学生的参与不够主动,思维不够活跃。这是为什么呢？于春祥老师告诉我:快乐源自成功,成功源自展示。"生命的狂欢"的体验主要是通过展示来实现的。

读书至此,我明白了问题出在展示上。展示的机会、时间、形式不能充分满足学生的愿望,他们学习的热情和主动性自然就会逐渐减弱。因此,在课堂上要多给学生一些展示的机会,通过口头展示、书面展示、肢体展示,让学生在一次次展示中感受快乐,体验成功。

面对大量的展示资源,教师该怎样进行点拨呢？我认为教师应该促进互动，引领生成。

“生命的狂欢”课堂点拨，不应只是教师的“一言堂”，它应借助头脑风暴、质疑追问等形式，触动学生的灵感，激发学生的智慧，为生生互动、师生互动搭建桥梁。在互动中，需要教师引领生成——生成结构、生成规律、生成方法。只有在生成的课堂上，学生才敢各抒己见、不再苟同；只有在生成的课堂上，学生才会由此及彼、融会贯通；只有在生成的课堂上，学生才能发散思维、创新发明。学生的精彩就是课堂的精彩，学生的精彩就是教师真正的精彩！

一夜的读书，解开了我心中的疑惑：高效课堂的密码原来就是“学生的主动+教师的引领+课堂的生成”！

《发现高效课堂密码》这本书教会了我怎样让学习成为快乐的体验，怎样让教育相伴幸福的阳光。这本书是一扇窗，为我展现了一个精彩的课堂改革新世界；这本书是一盏灯，引领我坚定而快乐地向着“生命的狂欢”不断前行。

我相信：只要启程，一路就有迷人的风景；只要坚持，前方定有绚丽的彩虹！

读《教育的真爱、假爱与错爱》有感

杨　锐

人人都渴望真爱，教育也一样，它在呼唤真爱。作为一名教师，我扪心自问：我真的爱学生吗？很难回答，爱太复杂了。我爱学生的什么呢？作者认为尊重学生的个性，接纳学生的差异，爱学生这个“人”本身，是教育的真爱；爱聪明、爱分数、爱长相、爱听话，是教育的假爱；爱家长的权势地位、爱财、爱物，是教育的错爱。即使你对学生的爱是100%，那么真爱、假爱、错爱又各占多少比例呢？

在这本书中，作者从教育的本质出发，提出了“真爱”这个概念。真爱完全没有不良的动机，它集慈爱于一身，爱护一切生命。真爱很纯然，没有束缚，没有溺爱，会协助所有的人勇于接受各种考验、挑战，能够真正地开启智慧，协助人们成长、成熟。陶行知先生认为爱是一种伟大的力量，没有爱便没有教育。教育爱是教育的“根”，它赋予教育以生命与活力。教育爱的本质属性决定了教育爱具有无私性、无差性和恒常性。这就意味着教育必须是一种不求回报、不求索取的投入，必须面向全体学生，着眼于学生这个“人”的发展，并伴随其全部的学习过程。也就是说，教育爱本质上是一种真爱。因为真爱爱的就是学生这个“人”本身，不会考虑其品行优劣、学习好坏、外形俊丑。教育爱是一种有教无类的爱。

这本书不但把教育理论讲解得比较深入，而且列举的案例也很精彩，给我留下了深刻的印象。在谈到假爱时，作者认为假爱里面有很明显的不良企图和动机，利用众生满足自己的欲望和需要。在教育实践中，我们经常看到一些教师把学生考出好的成绩当成自己辛苦工作的唯一追求，视之为最重要的责任、最高尚的道德。其实，他们只是在培养考生，而忽视了对学生健康人格的培养和精神生活的眷注，没有从真正意义上实现对人的全面培养。知识增长了，精神脆弱了；分数提高了，人格缺失了。从严格意义上讲，这是一种无道之德。

假爱的特点是“爱”的过程很明显地带有条件，以利言爱，以利言德，看似爱生，实则爱己。其付诸爱的对象往往是那些所谓学业优秀者，或是那些聪明、听话、善学的学生。这种“关爱”其实是一种偏爱，而偏爱的实质表明了教师真正爱的并非学生本身,而是学生某些特定的品质,是教育者从其自身的需要、喜好出发,把自己的教育爱当作一种投资。这就违背了爱的主动性原则和无私性原则,是一种教育假爱。

"错爱"是教师带有明显的不良动机和不良居心,换句话说,就是把"爱"当作一种投资,算计"爱"可以换回多少价值,换来怎样的名和利。一些教师屈服于某些家长的权势地位,在座位安排、练习批改、上课提问等方面对他们的孩子给予比较多的照顾。还有一些教师为了学生家长的礼物而偏向于家庭条件好或有特定背景的学生,对这些学生特别关照。说到底,这样的教师爱的是他自己。教师就这样违背了职业道德,污染了学生纯洁的心灵,对学生造成了伤害。

在教学中,很多教师对学生的喜爱和厌恶本是一种自然的情感流露,是出自人的一种正常的对优秀和美的追求与向往的心理,是人之常情。但是,从教育的意义上讲,这种有选择性的爱是不是一种教育的真爱呢?答案显然是否定的。既然"没有爱,就没有教育",那么教师就应无差别地爱每一个学生:既欣赏某些学生的优点,也包容某些学生的缺点,甚至对于那些并不讨人喜欢的学生,教师要给予其更多的关爱。对于那些成绩暂时落后的、在同学中毫不显眼的学生来说,也许正是教师的一句话、一个眼神、一个微笑,给了他学习的动力和勇气,促使其在心理上发生积极的转变。因此,在对待学生上,教师必须克制这种私人的感情,并以饱满的热情接受和爱护每个学生。

教育真爱是一种打破师生隔阂、激发学生成长的能力,是一种付出,是一种给予,是一种奉献。它不分性别、美丑、家庭情况,也不论学生的品行优劣、学习好坏,普遍施与每个学生。教育的神圣使命即在于真爱!真爱无痕,大爱无疆!

在平凡中见伟大，于宁静处得致远

冯志华

朔风凛冽的冬日，因为年假的到来，心中平添了几分暖意和安详。城市中鳞次栉比的高楼，熙熙攘攘的人群，交汇出永不停歇的市井喧嚣。繁华褪去，却是你我眉宇间的行色匆匆……难得此番清闲，静下来，慢下来，对自己、对生活做一番梳理。

坦白地讲，吃喝乃是动物的生理本能，读书才是人类对心灵的滋养。一日三餐不可或缺，可要与书为伴，怡情养性，却让多数人勉为其难了。在这个假期里，斜倚床榻，品读《细节决定成败》的段落篇章时，我才对自己平日的生活有了更多的体悟和反省。

老子曰："天下难事必作于易，天下大事必作于细……"德国产品风靡世界，不在于其外表的光鲜，恰在于所有细节的精雕细琢和内在品质的可靠稳固。久而久之，誉满全球，站上世界制造业的顶端。所以，同样功能的产品，德国造的价格是我们的十数倍时，请不要嫉妒，先想一想我们一些人平时对待工作的态度：习惯了大而化之、马马虎虎的毛病，以至于社会上"差不多"先生比比皆是，好像、似乎、大约、将近等成了"差不多"先生的常用词。就在这些词语一再使用的同时，生产线上的次品出来了，矿山、工厂的事故频频发生了，社会上一些违章犯纪、不讲原则的事情也时有耳闻了。而在面对质量缺陷和公众质询时，一些当事者不是推诿阻挠，就是百般抵赖，极尽打擦边球、踢皮球之能事！更有甚者，"苏丹红""黑心棉""毒奶粉""地沟油""瘦肉精""假羊肉"……一个个被曝光的真相，也一次次牵动着国人的神经！我们可还记得"王者以民为天，而民以食为天"的古训，可是今天，"食品加工"这人命关天的大事，却被我们的一些"业内人士"随意地戏耍。我们在愤怒，我们在滴血，我们在呼唤着道义与良知！除了谴责个别"被迫浮出水面"的肇事者，慨叹一些执法部门的玩忽懈怠，我们又能如何？愤恨、痛彻又寄予希望……长此以往，当我们国人自己都害怕使用"国产"时，又怎能指望国际上对"中国制造"推崇备至？所以，只有对人民关心，对客户负责，对细节坚持，才能成就国家威望与百年名企。什么是不简单，把一件简单的事情做好了就是不简单；什么是不平凡，把一件平凡的事情做好了就是不平凡。

失了一颗马蹄钉，丢了一个马蹄铁；丢了一个马蹄铁，折了一匹战马；折了一匹战马，损了一位国王；损了一位国王，输了一场战争；输了一场战争，亡了一个帝国。英国国王理查三世戏剧般的人生，也让这段风云变幻的陈年往事成了古往今来许多仁人志士唏嘘慨叹的谈资。

人们都想做大事，而不愿意或者不屑于做小事。但事实上，正如汪中求先生在《细节决定成败》一书中所说的："芸芸众生能做大事的实在太少，多数人的多数情况总还只能做一些具体的事、琐碎的事、单调的事，也许过于平淡，也许鸡毛蒜皮，但这就是工作、是生活、是成就大事的不可缺少的基础。"

有人问三个正在砌墙的工人："你们在做什么呢？"

第一个工人没好气地嘀咕："你没看见吗？我正在砌墙啊。"

第二个工人有气无力地说："唉，我正在做一项每小时九美元的工作呢。"

第三个工人哼着小调，欢快地说："你问我啊，朋友，我不妨坦白告诉你，我正在建造这世上最伟大的教堂！"

我们不妨设想一下三个工人以后的人生，前两位继续砌砖，因为他们得过且过，缺乏远见。但那位兢兢业业、认为自己在建造这世上最伟大教堂的工人，他一定不会永远是砌墙的工人，也许他已经变成了承包商、企业家，或者是很有名气的建筑设计师。毫无疑问，他的人生肯定会继续往上攀登。任何时候，积极进取而又善于学习、追求完美的人，都是距离成功最近的人。

年少时，我们意气风发，想象着某一天建功立业的豪迈。可是，真正从大学的象牙塔中走出，步入现实的轨道，生活的平实与琐碎扑面而来时，才更能体会自己肩头的青涩，慨叹成功绝非易事。抱怨现实是没用的，也不要总将目光放在自己无法企及的高度，这只会加剧自己的痛苦。人生，很少平步青云，我们看到的成功，多半是一种累积。海不择细流，故能成其大；山不拒细壤，方能就其高。每一个细节做好了，事情才能趋于完善，臻于成功。就像做人的气质，若没有学富五车、博物通达的底蕴，怎能换得今天举手投足的优雅？正所谓"腹有诗书气自华"，与其失意彷徨，倒不如多停下匆匆的脚步，回顾自己走过的每一步是否稳当，凝视自己将要踏出的这一脚是否坚实。

既然我们鼓足勇气，在风华正茂的青春岁月，毅然决然地选择了做一名教师，那就立足现实，认清形势，走出未来。为师者——教书育人，授业解惑。与学生相处时的分分秒秒，又何尝不是心与心的碰撞与交流！我们的言谈举止、我们的精神面貌及我们的道德品质都在无形中感染和传递给了学生。这样看来，我们工作时的举手投足、喜怒哀乐，都不仅仅停留在个人的层面。十年树木，百年树人。教育是宏伟的构想，更是课堂上点点滴滴的润物无声。桃李不言，下自成蹊。在一线教学中，与学生一同成长，是一种简单的幸福，也是平凡中的伟大。弘一法师说："识不足则多虑，威不足则多怒，信不足则多言。"进步，先从我们自身做起，先从生活细节抓起。其实，只要每天前进一小步，人生就会迈出一大步。

"在平凡中见伟大，于宁静处得致远"，这正是我阅读此书的感想。今后当多读好书，勤省自身。

"你怎样对待生活，生活就怎样回报你。"谨以此句，与朋友们共勉。

行走，获取生活正能量

文　芸

已经忘记了是怎样的一个机缘巧合，我得知演员陈坤出了一本书——《突然就走到了西藏》。我虽然不是陈坤的粉丝，但作为一个有点追星又对旅游十分热爱的“80后”，“陈坤”和“西藏”作为关键词，还是让我毫不犹豫地从当当网上买了一本。

说实话，我对这本书没有报太高的期望，只是想看看里面附的西藏的美景而已，对于一个明星的文字，实在没什么奢求的。可是，我想我错了。这不只是一本明星写的带有自传色彩的书，更是一个在世间行走的人老老实实的心灵告白，你可以读到他的挣扎、他的茫然和转化。这本书也不仅关乎心灵，更关乎现世人生，关乎如何看待这个世界。

2011 年夏天，陈坤的个人工作室“东申童画”运作组织了它的第一个公益项目“行走的力量”第一站“1+N 去西藏”。从报名的上万名大学生中选拔出了 10 人，由陈坤亲自带队，走进西藏，感受在挑战身体极限的行走中获得的正能量。陈坤相信，专注的行走是与心灵的独处，平静下来才能看清自己，观照内心。而且通过分享，可以把这种最朴素的力量传递给更多的人。这也是一趟心的旅程，所呈现的不仅是演员陈坤，也是行者陈坤。它细数了一个青年的奋斗和迷失、思考和感悟。

暂且不提这本书的文字布局是不是陈坤亲力亲为，但就文章来说，的确编排得很有新意。书中记录了陈坤在带领 10 名大学生志愿者行走西藏的过程中，对生命的点滴感悟。其中各个章节中都穿插了他成名前后生活中的小故事，如《从“暴发户”到西藏行走》《感谢那个残酷对你的人》《梦想的推动者》《朋友都是兄弟姊妹》等。笔端情感真挚，读来亲切自然。更妙的是，外在的旅行与心灵的行走，两条生命的线索，看似毫无交集，其实彼此呼应，互相影响。我想，学会在外在的行走中安静下来，放松自己，与内心对话，从中获得正能量，这才是行走的真正意义。

行走，是整本书的线索。为生命传播正能量的陈坤、为梦想不懈努力的大强和小梅、被甄选出来努力践行行走的 10 位大学生，在书中读到他们在路上激动、迷茫、争吵、坚持、领悟的一个个小故事，似乎真真切切地感受到了他们的眼泪和心血，同时也涤荡了我这颗浮躁了许久的心。我努力领会行走这个活动本身所想带给读者的感受，即努力找寻真我，坚持自己最朴素又最高贵的梦想。想想自认为天天忙碌工作、生活的我，还真是惭愧，似乎早已丢失了自己的灵魂。我在为什么而活？有没有梦想？有没有坚持？我平时还真的不敢诚实地回答这个问题。

我们平时似乎很容易烦恼、生气、觉得不公平，感觉就是因为我们生活在这个复杂纷扰的社会。但这真的可以成为理由吗？记得陈坤在解释自己高低眉毛问题时说，是因为他唱歌时内功不够深厚，所以很容易"着相"。那么我们的那些外在的表现情绪应该也是因为我们的内心不够强大。只有使自己的内心足够强大，充满正能量，才能在情绪等外在表现上淡定。如何去实现这种内心的强大，充满正能量呢？我想简单的行走可以使我们磨炼内心，接近生命灵魂的本真。当然，我们大部分人是没有机会像那10位大学生一样去西藏参加行走活动的，但是看完这本书，你会感悟到，我们不需要追随任何人的脚步就可以走到自己想去的任何地方。

"我对老天给我的幸运一直都保持警惕，我从不认为自己可以比其他任何人得到上天多一点点的优待。我总是把自己打到最低，把一切情况想到最糟糕，然后以最绝地的心境不抱任何幻想地走我人生的路。"读到这段文字时，我觉得这是我在这个世界上第一次遇到了知己。没错，我就是这样，在得到一些东西的同时总是诚惶诚恐，怕老天会从我这里拿走对我来说更加珍贵的东西。这种情绪使我做任何事情时都充满了矛盾。一方面渴望成功，另一方面却又害怕失去。但是，究竟我会失去什么？又会被谁拿走？陈坤在书中讲的爬山那件事，可以算作对我的问题的回答。“爬山是跟自己的较量。你的对手不是别人，只是你自己。同时，在这个世界上，你所能依靠的人，也只有你自己。没有人能替你承受，也没有人拿得走你的坚强。”换言之，内心足够强大的人是不怕失去的，失去的只能是被弱小的自己拿走的，而不是任何别的什么人。

行走，心灵的行走不是件容易的事。所谓“慢就是快”，行者不在于你走的速度是快是慢，关键在于你不能停。我想不论是在旅途中还是在人生的路上，我们都要做行走不息的人。只有这样，我们才能在行走中磨砺自己，达到目标；也只有这样，我们才能在不同的经历中得到锻炼，然后在命运考验我们的时候，内心充满力量。

我想我要感谢陈坤，一个平时尤其是在心灵素养层面不被人看重的演员，他的文字使我的内心变得比以前坚定了许多。我也鞭策自己，要做个行走不息的心灵行者！

书读到，心更远

翟红霞

外面的世界波谲云诡，我的内心却充实而强大，只因有书相伴。近期我读了王金战、隋永双的《英才是怎样造就的》，于丹的《于丹〈论语〉心得》《〈庄子〉心得》，田星灿校长的《家风·命运·国运》等著作，《中小学英语教学与研究》《英语角》《读者》《意林》等杂志，微信订阅了《中国教育报》《读者欣赏》《国学精粹与生活艺术》《中医养生》等。我每天坚持往朋友圈里转发一篇或两篇文章，以督促自己不断学习。读书的时刻，寂寞却美好。岁月淘滤了很多，使我逐渐走向从容。读书改变着我的心态，创造着我的生活。

美国第28任总统伍德罗·威尔逊说过：10分钟的演讲，需要准备两个星期；一小时的演讲，需要一个星期；两小时的演讲，不需时间准备。夏丏尊曾说："李先生（李叔同）教图画、音乐，学生对图画、音乐，看得比国文、数学等更重。这是有人格作背景的原故。因为他教图画、音乐，而他所懂得的不仅是图画、音乐；他的诗文比国文先生的更好，他的书法比习字先生的更好，他的英文比英文先生的更好……这好比一尊佛像，有后光，故能令人敬仰。"文化怪才辜鸿铭，生在南洋，学在西洋，婚在东洋，仕在北洋（出生在南洋马来半岛的槟榔屿，曾在英国、德国、法国等地学习，与日本女子结婚，后来在北大教学），获得了文、哲、理、神等13个博士学位，会9种语言，曾把我国的儒家经典译成外文。杨绛47岁开始学习西班牙语，翻译《堂吉诃德》……作为英语教师，我该如何精通业务、精心备课、精选作业、提高效率呢？

于丹曾被评为十大美女之一，其原因不在外表，而在内涵。我非常喜欢她说的一句话：人生最高、最美的境界是花未全开月未圆，内心有所期待。是啊，领悟残缺，则心态平和；有所期待，则动力十足。若人人都能领悟她的诠释，家庭和社会将会变得非常和谐，违法乱纪与心理疾病现象都会减少，离婚率也不至于持续上升。

过去为了工作，我顾不上家庭与孩子，被很多人称为事业型的女强人。随着阅读面的拓宽，我的观点发生了改变，甚至为所谓的称号而羞愧。田星灿校长在《家风·命运·国运》中谈到，培养出优秀的孩子依然是为国家做贡献;魏书生不仅自己成长为教育专家,还把儿子送进了清华大学;《英才是怎样造就的》作者之一王金战,曾把所带班55个学生中的47个送到了北京大学、清华大学及外国名校,而且也把女儿送进了北京大学。他说:“成功人士的一个重要标准,就是培养一个成功的孩子。外边八面风光,孩子一塌糊涂,那叫成功人士吗?”工作、家庭、健康兼顾,才算成功。

我平时读书,有时剪报,有时记笔记,所收录的内容逐渐成了我的财富,慢慢地影响着我。英国女作家多丽丝·莱辛少年时因眼疾而辍学,有两次失败的婚姻,但她并没有被挫折打倒,并且在2007年88岁时获得了诺贝尔文学奖;冯玉祥担任旅长时规定每天早上读两小时英语,学习时在门上挂牌“冯玉祥死了”,学完后则改为“冯玉祥又活了”;徐特立42岁时到法国留学,靠持之以恒的精神学会了法文、德文和俄文……正是这些榜样的力量,使我耐得住寂寞,在如今喧闹的世界里静下心来修身养性,做最好的自己——面对领导,我充满感激;面对同事,我以诚相待;每逢教研,我都主动、认真地参与;每逢值日,我都把办公室打扫得干干净净;每逢开会,我都详细记录;每次上课,我都精心准备……尽管这些都很平凡,但如果每位教师都认真对待,学校将变得更加和谐,明天将会更美好。

可爱的书籍,丰富的经历,使我更加坚强、更加从容。教书与读书相互影响,相互促进。越教书,越感觉自身知识储备和文化素养的不足,也就越喜欢读书;越读书,越能享受到知识的乐趣和教书的自如,也就越喜欢教书。没有比脚更长的路,没有比人更高的山。外面的世界很大,我对未来充满憧憬。

品好书　品教育

周　娟

坦率地讲，寒假的大部分时间都给了我不满两岁的儿子，以弥补我连续4个月由于忙碌而对这个小生命的忽视。然而每当孩子熟睡后，我总会忍不住翻阅床头的那本《美国最好的中学是怎样的》。它的装帧质朴无华，却总能时时牵动着我的心。不知不觉，已翻阅数遍；密密麻麻，已批注无数。品读，是因为书中求实的态度和平凡之中隐藏的智慧深深地吸引了我。每天,心里都被一些东西激荡着:惊讶、欣喜、迷惑、兴奋、感动、顿悟——静静地梳理着思绪,静静地品味教育。

如何做一名优秀的教师

作为名校,惠尼中学备受关注,也备受攻击。同一个学区的学校指责惠尼中学从其他学校窃取了最好的学生,因此排名高居榜首。只要跟惠尼中学交换一下学生,他们的学校不用做出任何改革就可以同样优秀。对于惠尼中学的校长和老师们来说,这是最令人气愤的污蔑。因为他们忽视了惠尼中学的教师团队,忽视了这支优秀的团队所付出的超乎常人的艰辛与努力。

掩书感叹:郑州外国语中学又何常不是经常受到这样的非议。但我认为,与其花心思去应对这些无聊的言论,不如继续发扬“四干”精神,不断进步,用更优秀的教学理念、用更优秀的教学能力、用更优秀的教学成绩反击这些无稽之谈。何为优秀教师?惠尼中学的教师们给了我启示。

首先,要有追求。教育本身的性质早已决定了教师这个职业的特殊性。其实,在很多时候,我不愿在“教师”这个名词后面加上“职业”二字。因为“职业”包含太多的利益纠葛、斤斤计较。然而,“教育”与“利益”无关,因此,“教师”也与“斤斤计较”无缘。我也会感叹迎着残月出门、满载星光回家的辛劳,但绝不抱怨;我当然知道我一天的工作时间绝不仅仅是8小时,但我不会去计算付出与收获的比例;我当然知道“业余时间”要多休息,但我根本无法让教学工作与自己的生活泾渭分明。因为，教书是个良心活儿，教师是书写良心的人。我们是最应该在漫漫长路上上下求索的群体，是最应该心怀天真、衣带渐宽终不悔的群体。惠尼中学就有这样的老师团队。

追求教育的“难忘”。罗德老师认为当老师的，就是为那些难忘的时刻而活。这“很难忘掉的东西”会是什么呢？我想它绝不仅仅是知识或技巧。罗德老师也许更希望孩子们记住他做实验时的专注严谨，记住物理公式是怎样被证明出来的，记住物理学家们的质疑与探索精神。而作为语文老师，我希望孩子们最难忘的是什么呢？是方块字的源远流长，是诗三百的思无邪，是《离骚》的绝美，是盛唐气象；是孔子的温厚睿智，是孟子的浩然正气，是屈原的高贵傲岸，是李白的浪漫不羁……我期待孩子们由衷地说：“真美！”语文老师，就是为孩子们眼中闪动着的美好而活！

追求“完美”。微积分老师莫雷说过：你花了一整年时间小心翼翼、一点一滴地培育这些孩子，然而随便什么人漫不经心地吐出一句伤人自尊的话，就可以毁了他们。这就是老师所拥有的权利：培育，或是毁掉。读到这里，我的脸开始发烫。扪心自问，有没有说过伤害学生自尊的话？有！甚至过后还会自我安慰：玉不琢，不成器。但我恰恰忽视了一点：玉的打磨是最需要细心和耐心的，一不留神，掉在地上，玉就碎了。我们平时对学生们讲 99 句鼓励的话产生的作用，也许会因一句讽刺挖苦抑或表示怀疑的话而瞬间土崩瓦解。不要抱怨学生们太脆弱，谁让我们面对的是一颗颗敏感稚嫩的心。教师，就必须是一个完美主义者。只有对自己苛刻，才会对学生宽容。到底是“诲人不倦”还是“毁人不倦”，完全取决于我们的态度。

其次，要有才华，有足够深厚的专业素养来吸引学生。罗德老师能够让喜欢数、理的学生和不喜欢数、理的学生都来找他。当他说得兴起时，学生围绕在他身边，一副围着篝火听鬼故事的样子。是深厚的数、理素养使罗德老师总能自如地应对各种各样新奇古怪的问题，并总是像个孩子一样想出各种各样的问题引发学生热烈的讨论和热切的盼望。与其说他具有出色的课堂设计能力，不如说他深厚的学养总能使他巧妙地找到教学的突破口。很多时候，我们的课堂是否出色，不在于有没有多媒体，不在于课件是否漂亮，而在于我们的学养有多深。古人说的“大音希声”“厚积薄发”，讲的就是这个道理吧。

最后，要有风格。惠尼中学的老师各具特色的风格，令人捧腹又令人佩服。罗德老师总是奇招频出，甚至不计得失。他会让自己当靶心，让孩子们发射水球“导弹”，哪一队能准确命中，哪一队就得 A。而戴夫老师则没有罗德的幽默风趣。他根本不用娱乐逗笑的方式来循循善诱，而是立下课堂规矩，雷厉风行。他面色铁青，语带机锋，敢于质疑、顶撞权威。普勒尔老师则挺拔简洁，干脆直爽，在关键时刻总能一语中的，让学生犹如拨云见日……这些风格各异的老师都是惠尼中学亮丽的风景，都是惠尼中学孩子们心中永远值得品味的记忆。我们经常说“文如其人”，其实课也如其人。人品和学品共同构建了一个教师的教学风格。转眼之间，我登上讲台已快 7 年了，但自己毫无风格可言。梦想着自己讲课时可以旁征博引，谈笑风生，秀口一吐就是 40 分钟。学生无恹恹欲睡之苦，老师无维持纪律之忧。课终人散，余音绕梁。白日梦？不，我会努力。

创建独特的校园文化

这个话题很大，我根本驾驭不了。只是在阅读过程中闪出一星星思想的火花，暂且记下。名校奉献给社会的不应仅是优异的成绩和德才兼备的栋梁，还要有足以影响人心的文化。

考入惠尼中学的学生入学之前都会收到一封厚厚的祝贺信，跟大学入学信件没啥两样。学生感觉很酷，因为自己被当成大人了。其实，就在这一瞬间，学生已经感受到了惠尼中学校园文化的气息。学生一入校，雪莉老师的第一句话就是“你们全都要上大学”。于是，学生们每天睡四小时的觉，喝四大杯的咖啡提神仍然斗志昂扬；学校在道德上传承传统更多一些，于是学生没有在校公开对异性表示好感的行为；学生们都在为常春藤名校而努力，于是就没有踩着下课铃迫不及待地冲出教室玩耍的学生；再苦再累也没有人愿意离开这个可怕的“集中营”，因为这里有别处没有的成就感、责任感……这些，全是惠尼中学的校园文化，就像空气，弥漫在每一个惠尼人的周围。

我们的校园文化是什么呢？每一个人一进郑州外国语中学的校门，能否强烈地感受到浓郁的校园文化呢？说到这里，我又想起了书中的一个情节：毕业典礼那天，惠尼中学的优秀学子都要一一列队和校长握手。这是一种充满温情的告别。平等、尊重、珍惜、感念都在这一刻凝聚在两双手中——一双睿智温和的大手，一双聪颖奋进的小手。与校长握手惜别，这才是一个孩子毕业时最重要的事。我从来都这样固执地认为：校长是学校的一面旗帜，是学校学术和公正的代言人，是学校凝聚力的核心。在学校的校园文化中,校长必须是浓墨重彩的一笔!校长的形象必须深刻地印在历届毕业生的心中,成为学校文化的重要组成部分。与校长握手惜别,就好像对与自己朝夕相处了几年的老师说“谢谢”,对陪伴自己挥斥方遒、激扬文字的教室说“谢谢”,对见证了自己积极拼搏、永不言弃的操场说“谢谢”,对用翠绿和金黄阐释生命意义的那几株银杏说“谢谢”,对生命中如夏花般灿烂的青春年华说“谢谢”……真的无法想象,作为名校,学生和家长慕名而来,三年之后,学生记不住甚至说不出校长的样子!那么最终,学生是带着什么毕业的?恐怕仅仅是知识吧!但教育最大的意义是培养有情感、会感恩的人啊!突然发觉自己有点“上纲上线”的危险了,但还是想说:与校长握手惜别,这才是一个孩子毕业时最重要的事。

校园是我们工作的环境,更是我们精神的家园。我们“家”的家风,需要我们每一个家庭成员积极行动,共同营造。

行文至此,又想起了那句老话:开卷有益。读书本就应该是教师最有诗意的常态生活。我还记得大学的一位恩师幸福地说过这样一段话:“真好,我是教师。既能每日与好书为伴,又能借此无冻饿之虞。幸甚至哉!”我一直都很欣赏这样的生活态度。

爱的阳光

员 舒

走在校园，偶然一回头，身后是一株株长得青翠的树，一朵朵开得羞涩的花，好像谁说了一个笑话，把它们全都惹笑了。这景象表面看起来青翠芬芳、自然合理，其实它们有着不为我们看到的内在世界。每一株植物的根都忙着从土壤里吸收养料与水分，茎忙着输送，叶子在进行光合作用，整株植物的每一个细胞都在大口地呼吸着。树木为了生命的美好而欣欣向荣,学校为了生命的丰富而生机勃勃。这是一种怎样的境界呢?这是一种将生命价值发挥到极致的境界。

这是我读过《美国最好的中学是怎样的》走在校园里的一段真实感受,由此引发了下面这些思考。

一、关于学校:高期望,好氛围,能接纳

1.高期望

布洛克校长认为:高期望是学校成功的关键。

家长。塞西莉亚说:"当你全家从另一个城市或另一个国度搬来,目的是让你能进惠尼中学,这时,压力就开始产生了,你最好别砸锅。"我也不断听说,许多家长是为了能让学生进我们学校才调动工作,举家搬迁的。其实,从家长决定让孩子上我们学校开始就已经对学生三年或六年以后有了一个较高的期望。但是,我觉得家长这个时候一定要先记住自己孩子的起点。就比如爬楼梯,大家同样努力地在爬,都爬了十层,但因为他们的起点不一样,所以结果也会存在差异。因此高期望,家长对我们学校一定有,若注意到教育对象的差异性,这种高期望就应该务实而不是盲目。

学生。当惠尼中学低年级的学生通过扩音器听到收到大学入学许可的学生名字的时候,他们认为,听见自己的名字从扩音器中传出,是成长必经的一项仪式。同样,当我们学校的学生看到那些被保送的高年级学生的名字出现在光荣榜上时,心里也会有很高的期望,希望自己的名字将来也会出现在那些名单中。他们会因为自己在这种环境中学

习、生活而感到自豪。

2.好氛围

如果说惠尼中学是一块吸铁石，那么我相信郑州外国语中学也是，因为有太多的学生家长会说孩子压力大，但心里的声音还是“上外语”。而且，学生毕业后回来时还是觉得郑州外国语中学好！

塞西莉亚认为在惠尼中学生活与学习的最大优点是学到纪律，因为爸妈不会跟在后面揪着自己的领子，把自己绑在数学课本前面，而是自己必须拿出脚镣手铐，逼着自己用功学习。

其实，一所好学校最重要的就是要有一个好的学习氛围，学生学到多少知识固然重要，但更重要的是他们养成了一种习惯——独立学习的习惯，也形成了一种理性全面思考的思维方式。如果为了学习知识，大可不必把场所圈定在学校，可以去图书馆，可以上网查阅。知识本身并不是学习的对象，一些规律性的东西以及思维才是。作品是如何创作出来的，事物的表面现象下面隐藏着哪些共同的本质的规律，这才是学生应该学习的。“学而不思则罔”，一个人若总是迷惑、朦胧那就麻烦了。

3.能接纳

塞西莉亚认为惠尼中学给了她一样别的地方始终不曾真正给她的东西——接纳。惠尼中学的学生永远不想改变的事情，就是选择了能接纳他们的惠尼中学。这是对学校一个很高的评价，这是学校接纳学生，学生融进学校的一种可意会的境界。因为学校这个时候成了学生心灵的归宿。

一直以来，我们说的学校文化的核心应该就是班级文化，其中包括学生之间、学生与班主任之间、学生与任课老师之间、班主任与任课老师之间的关系，这些都直接决定了整个氛围是否和谐，彼此是否信赖。比如，学生之间互相帮助，上课谁的作文写得好受到表扬，其他学生就鼓掌欣赏，满是真诚与佩服，互相推荐，指出他人之长和自己的不足；课堂上他们积极发言，面红耳赤地争论一个问题，但课下有心事或遇到自己难以解决的问题还是会找老师交流。在他们心中，我感觉自己扮演了好几个角色：老师、朋友、姐姐。因为经常交流才能走进他们心里，知道学生内心的想法，更好地对其引导。班主任和任课老师之间则需要更多的协调交流，心之所向，处处尽心，这样才是一个和谐的大家庭。因为对于学生来说，他初中三年的记忆里装的全是这个家庭里的画面和镜头，其中每个学生和老师都是主角。

二、关于老师：有责任，有才能

罗德老师认为老师所拥有的权利是培育，或是毁掉。他希望他的课堂，等到学生们离开教室时，能带走一些很难忘掉的东西。雪莉老师感觉工作有压力，但她会自己鞭策自己。可见虽然文化不同，但教育规律却是惊人的相似。我还记得王校长说的“苦”与“累”的概念，“累”是身体上的，而“苦”则是心灵上的。我来到郑州外国语中学这五年多的时间里就发现，其实压力在老师那儿体现得更多的已经是一种无形的、身不由己的责任感。

假如我是一个诗人，我就要写出一首长诗，来描绘你们课堂上的博学多识、游刃有余；

假如我是一个画家，我就要用各种色彩，点染出你们充满鼓励的眼眸和成就学生梦想后喜悦的笑涡；

假如我是一个作曲家，我就要用音符，传达出你们课堂上抑扬顿挫的语调和粉笔碰击黑板时的铿锵有力……

但我只是一名普通的语文老师，所以我只能用我的眼睛去看，耳朵去听，用心灵去感受：

感受你们侃侃而谈的睿智，徒手画圆的潇洒；

感受你们化抽象为具体形象的图表课件；

感受你们精心备课熬夜留下的黑眼圈；

感受你们经受风吹雨打依然留在操场上坚定不移的身影；

感受你们开心时像个孩子般的笑容；

感受你们生气时撕扯着喉咙的呐喊；

感受你们发怒后恨铁不成钢的痛心和惋惜……

所以，看到楼道上，班主任找学生谈心交流，阳光倾泻在他们身上，那画面很美；夜晚办公室那盏很晚才熄灭的灯，在夜空下堪比星辰，那画面也很美；能与在座各位一起工作，我觉得生活很充实，很美好。

三、关于学生

1.心思细腻，懂得感恩

十四五岁的年龄，学生的心思细腻而又敏感，他们在乎老师的肯定和鼓励,他们了解老师的付出和奉献。

他们因为喜欢这个老师而喜欢这个学科;他们会在老师生病时送来真诚的问候;他们会细心勤快地给老师接一杯温度刚好的水;他们会仔细观察那双沾满粉笔灰的手,用心体会那充满期待的眼神,然后更加懂事努力。

2.勤奋好学,偶尔懈怠

每年九月,乔安妮老师总会想办法让学生把心放在课堂上,唤醒他们对任何事情的热情,以应对毕业班倦怠症。

在复习阶段,我发现有相当一部分学生觉得这些知识自己都会了,所以疲惫倦怠,期待中招早些到来,直到第一次模拟考试过后,大多数学生才被失败撞醒,调整状态,积极安静,心无旁骛地投入备战阶段。这段时间,老师要多思考、多引导、多关注学生,这样他们的倦怠现象才能早些消失。如果能让学生从内心接受这样一种考试形式,也许他们就会乐在其中。我经常对学生说:在人生的道路上,每个人总要跨过一条条河,越过一座座山,坦途是人人希望的,又是人人不屑的,因为那样的经历不能称为真正的人生,也根本不存在那样的人生。相对来说,只是每个人遇到的河的宽度、汹涌程度和山的高度、险度不同罢了。

学生知道父母想要什么,努力达成他们的愿望,然而也知道自己想要什么,并且努力做到忠于自己,但往往,这两者互不相容。这就是一直以来学生的疑惑:我到底是为谁而学?他们想达成家长、老师的愿望,也想忠于自己的真实喜好,于是,不可调和的矛盾就这样一步步被激化,但最终总会有一方妥协,而这一方往往是学生。这个时候,会出现两种状况:一种是调节好的学生化苦为乐。(1)班有个学生写道:

“我收起小说、漫画册，藏起了眼泪和感伤，我知道，六月的飞翔对我来说很重要。”另一种是消极无奈、默默反抗。家长、老师逼他，他自知拗不过，就表面上安静学习，内心却消极抵抗。可想而知，这种学习状态的效率肯定不高。但是我一直坚信学生的懈怠只是暂时的，他们内心的斗志其实一直都在。

对于我所认识的学生，当他们听话乖巧时，我爱他们；当他们调皮不可爱时，我仍爱他们，因为这时他们更需要爱和重视。所以，让爱安家在心里最柔软的地方，相信它会随我们心灵的泉水流淌到每一个孩子的心里。

对于我所赞美的老师，你们的才能、气质、热情和经验，都让我敬佩和欣赏。对于比我年长有经验的老师，我感谢你们，因为你们鼓励并帮助青年教师迅速成长，宽容我的不成熟，耐心指导使我更优秀。对于比我年轻的老师，我感谢你们，因为你们给我压力和动力，让我仍然富有青春激情。

对于我所钟爱的学校，它有它的本色、平实和大气，我有我的内敛、朴拙和努力，它已经成为我生活的一种形式、生命的一段历程。一路上，我将沐浴积极上进的爱的阳光，吸取团结协作的心的雨露，迅速成长为一株参天大树。

奉献绿荫，衬托花朵。让花朵们怀揣梦想，绚烂绽放！

用爱丈量生与死的距离

黄璐璐

我22岁那年,学生送给我一本书——《花田半亩》。在此以前,我刚经历了一场手术以及手术之前与中药的拉锯战,同时还有事业上的挫折。它的出现让我开始重新审视自己的人生。

书里讲的是一个关于母女情深的故事。

关于母亲,田维写道:“妈妈说,如果能够再次孕育你该多好。你仿佛是在怨恨自己,将我生成多病的身躯。妈妈，我却时常感谢你，你给我的生命。即使这身躯，有许多不如意，但生命，从来是独一无二、最可宝贵的礼物。我感谢，今生是你的女儿，感谢能依偎在你的身旁，能够开放在你的手心。妈妈，不幸是我们共同的命运。幸福，却是更深切的主题。”

第一次读到这段话，我泪流满面。我的母亲，在我生病的时候也一直在给我传递着似田维母亲一样的心情。她也歉疚着，好像是她造成了我的体弱多病。在刚知道自己病情的那段时间，我不吃不喝地坐在餐桌旁，望着母亲精心准备的一大堆食物发呆。母亲望着我，背过身去流泪，转向我的时候却强颜欢笑要我吃东西。我皱着眉头喝中药的时候，母亲是满眼的心疼。与田维母亲不同的是，我的母亲一向非常强势，说一不二，有些时候甚至比父亲更果断，更敢下赌注。但唯独在我生病做不做手术这件事上举棋不定，一夜间就苍老了许多。终于决定做手术了。手术的前一天，医生把我和父母喊去，例行公事地告诉我们手术中可能会出现的问题和风险。母亲看着协议书上的条条款款，眼泪霎时间决堤，拉着我就往外走：“妮儿，咱不做这个手术了……”最终是父亲背着母亲签了字。第二天手术前，护士来扎留置针头，便于术中输液。经验不足的小护士扎了三四下没扎上，疼得我眼泪直流。母亲看不下去了，开始对护士发难，我轻轻喊了声“妈”，她瞬间安静下来，两眼含泪。高大的医生领着个子小小的我往手术室走去，换上医用拖鞋，还没来得及说句话，手术室的第一道门已经关上了。我坐在第一道门与第二道门之间，隔着玻璃看着外面拥挤的病人家属，寻找着爸妈。突然，我看到母亲紧贴着玻璃门往里张望着，怀里抱着我刚刚换下的拖鞋，泪流满面。我再也抑制不住了，站在门口轻轻地唤着母亲，任泪水肆意流淌。“她听不到的,这玻璃隔着,你能看见她们,她们看不见你的。”身后的护士告诉我。我当时想,人死了会是这样吗？我能看得到我的亲人,他们却再也看不到我了。那一瞬间,我心里无比难过,转念却坚定无比地想着我要好好地挺过这一关,不能让母亲如此悲伤。

经历了那次手术,母亲更加疼爱我了,衣服、鞋子买了又买,她还总是特别开心地跟人家开玩笑:“我要给你们送鲜花,你们的店太好了,总是有我想买给我闺女的衣服。”很多次,我都佯装生气地说:“够了够了,我这边都没地儿放了。”她却总是乐呵呵地说:“给我闺女买东西,再多也不嫌多,只要我闺女高兴。”

手术后半年,单位体检,我的甲状腺里面发现了一个小囊肿,医生让我回去观察。母亲在家里无意中发现了我的体检报告,于是又开始难过,拉着我去看医生。回家的路上,母亲一直不作声,我一问,她又哽咽起来:“我就受不了你有啥事,你可得好好的。”看着她,我心里酸酸的,恨自己怎么那么不争气,总是出问题。

母亲每次来看我,总是把我家重新收拾一遍;回老家之前,买好所有我爱吃的东西,还在冰箱里冻上她亲手包的饺子。有时,我不忍心她做这些,但是仔细想来,或许为自己的爱女忙碌,对于她来说,就是一种什么都无法比拟的幸福。

昨晚与母亲聊 QQ,她又提到我的病,我告诉她:“放心吧,就冲你跟我爸养了我二十多年那么不容易,我也得好好的。”那边沉默了许久,回道:“妈真幸福,有你这么乖的闺女。”这句话瞬间又让泪水模糊了我的双眼。

如今,在北京西山脚下,有一个叫温泉的墓园,陪伴了母亲 21 年的仙子般的田维就安眠于此。在她小小的墓碑前，常年放着一束龙胆花，这是田维母亲唯一的慰藉。于是我明白了，善待生命，善待自己，就是珍惜母亲，珍惜亲人。

现在，我不敢说自己看透了生命的真谛，但至少我明白，一个人活着是背负着爱与寄托的。史铁生说："死是一件不必急于求成的事，死是一个必然会降临的节日。"那么，生与死的距离该怎样丈量？我想，是用爱。

打开书籍，让阅读伴我一生

崔媛媛

一年不学习，自己知道；两年不学习，同事知道；三年不学习，学生知道。不学习就会落后，被时代淘汰。教师是文化人，文化人的别称也就是读书人，因此，每一位教师对读书都不会陌生，都有自己的经历和心得。然而在现实生活中，教师读书的状况却不容乐观。就拿我自己来说吧，我不算是一个不爱读书的人，诗歌、小说、散文总爱去翻翻，可是有关教育教学之类的书我真的是没有好好地读过一本。寒假前学校筹备读书报告会并搜集整理了诸多阅读书目，恰逢这一良机，我也来浅谈读书这一话题。

读书万卷，教书方能有神

古人云："士大夫三日不读书，则礼义不交，便觉面目可憎，语言无味。"这句话着重说明了读书学习的重要性，意思是说：长时间不读书就会缺乏文学气质，言谈举止都很缺乏修养。每天读书的老师，脸上会流露出一种书卷气，那种书卷气对学生来说，就是最好的教育。老师不用说话，他的存在就有引领和熏陶的价值，学生自然以师为范、与书为友。所以要想把学生培养成怎样的人，自己首先要做这样的人。

作为一位语文教师，更应该身先士卒，因为鲜活的语言就是我们课堂的生命。让每一个吐出来的文字鲜活起来，就离不开大量的阅读。当教师将自己读书的体验、读书的收获恰如其分地应用到所教的课文，把自己的解读感悟毫无保留地传授给学生时，学生怎么会不受感染，怎么会不喜欢读书呢？反之，如果我们不读书，就如一潭死水，没有活水注入，只有挥发和消耗，在课堂上只会讲一些假话、套话，久而久之，学生的心灵就变得麻木不仁了，哪里还有感动可言。塑造这样一批不会被语言文字感动的学生，是语文教学的失败，更是语文老师的失败。所以想要激发学生心中的阅读热情，我们就要先读书，有了教师做榜样，学生就会在潜移默化中受到熏陶，就会觉得阅读是一件有意义的事，就能感受到阅读的喜悦，我们的教学才会更精彩。

比如我们语文组的景老师“读书破万卷，‘教学’如有神”。我每周都会听她的课，她的课堂因读书而变得精彩纷呈！恰如其分的比喻引用，信手拈来的诗词歌赋，灵活多变的教育机智，旁征博引的课堂讲解，别致新颖的课堂练笔，使她的课堂显现出一种精致而豁达的美。这样的课堂使教学达到从容轻松、出神入化的境界，给学生带来心灵的震撼；这样的教师才能让学生折服甚至崇拜，当学生发自内心地敬服、崇拜时，教学质量想不提高都是不可能的。

我们选择了教书育人，就选择了传道解惑、为人师表。这一至高至纯的身份定位，需要我们不断努力更新。那就让我们在读书中寻找养料，充实提升自己吧！唯有如此，教师的讲台才会更加辽阔，教师的身影才会更加迷人。

徜徉经典，领略丰富生活

从教将近三年，寒假和从事其他职业的同学、朋友相聚，别人谈笑风生应付自如，自己却无话可说显得沉默寡言。我不禁自问：念书时他们不如我，现在却都比我强，我是不是变得思想狭隘了？答案是肯定的。道理其实很简单：一个人要想变得聪明，就要不断地接触比自己聪明的人。而教师每天接触最多的却是未成年的孩子，在学识和见识上我们学不到什么。站在讲台上面对孩子时，我们还有某种自信，走入社会我们就显得有些弱势了。因此，一个优秀的教师不仅要有尽可能高的学历，还得有尽可能多的阅历。增加阅历最好的方法莫过于“读万卷书，行万里路”。

由于职业特点的限制，“行万里路”不太现实，但是“读万卷书”有着得天独厚的优越条件。任何人都只能经历一种人生，你选择了这种，就不可能拥有那种，读书却能弥补这方面的缺憾。在书中我们可以体验形形色色的人生，领略丰富多彩的思想。

比如《简·爱》里那位善良、质朴、坚韧，追求灵魂平等的简·爱；《老人与海》中那位不屈服于风暴，勇于抗击的老者；《茶花女》告诉我只要心存真情，人格将永有魅力；《钢铁是怎样炼成的》提醒我一个人如果能在困难挫折中展示出惊人的毅力，就不会向困难和挫折低头；《细节决定成败》讲把每一件简单的事做好就是不简单，把每一件平凡的事做好就是不平凡；《平凡的世界》使我明白了无论处在什么位置，无论多么贫寒，无论多么艰难，只要有一颗火热的心，只要能热爱生活，生活对你就是平等的。

与李白一起饮酒欣赏唐朝的明月；与苏轼一起领略“大江东去，浪淘尽”的诸多风采；与雨果一同步入《巴黎圣母院》，感受底层人民的《悲惨世界》；与俄国文学巨匠契诃夫一起走在西伯利亚纷飞的大雪中……上下几千年，纵横几万里，穿越时空的隧道，与精英们一起分享精神盛宴，这是一种多么美妙的行程！

我们读书的时候，徜徉在文化的涟漪里，消解了尘世的喧哗与浮躁，还原了和煦平静的本我世界；圣贤的思想洗涤着我们的灵魂，使我们的生命一次次向前拓展，与那个时代一流的思维、顶尖的智慧交流。向高人学习，和大师对话，只有接近这样的经典，才能理解气贯长虹、吞吐日月的气概。这不就是豁达的心胸吗？在现实的生活里我们需要如此的胸怀。

教育是一项面向未来的事业,如果我们满足于用过去的知识教现在的学生,还希望他们适应未来的生活,这显然是不现实的。从职业特点来看,教师最应该成为与时俱进的专业人才。教师怎样才能跟上飞速发展的时代的步伐呢?一个重要的途径就是树立终身学习的信念,把读书学习作为自己生活的一部分。

我们每个人都守着一扇只能从内开启的改变之门,不论动之以情或晓之以理,我们都不能替别人打开这扇门。读书,是我们教师专业成长中一个永恒的话题,教师的成长之门只能由教师自己打开,别人是无能为力的。就让我们自己打开书籍,打开自己的成长之门,开创自己的幸福人生吧!

有一种美叫作不着痕迹

张 冰

有一种美，它缺少牡丹的浓郁，却正因了清淡雅致而超凡脱俗；有一种情感，它缺少惊涛的澎湃，却正因了淡淡的情思而滋润我们的心田；有一种文字，它缺少慷慨激昂，却正因了汩汩的爱意而温馨曼妙。而当这种美、这种情感、这种文字汇聚在一起从笔尖缓缓流淌时，我们的心便忍不住醉了。

那天的阳光格外明媚，随手翻起了我在大

学时买的一本书——《飞鸟集·新月集》,那早已泛黄的书页竟然没有一点批注,好生惭愧,想来必是自己大学时为了新鲜买了这本书,然后便忘却,只留下它自己孤零零地被束之高阁。今天,我的心灵好像被什么召唤着,很认真地拿起这本书读了起来。谁料,这一拿起就不愿意再放下了。

泰戈尔说:“静悄悄的黑夜具有母亲的美丽,而吵闹的白天具有孩子的美。”

是的,提到吵闹的白天,我们会很自然地想到炽热的日光,蜂围蝶阵,喧闹非常,但是黑夜却是那么寂静,那么耐人寻味。或许是我们很多人害怕孤独,害怕沉默,害怕黑暗的降临,进而在这种胆怯中忽视了它的美,而没有想到漫漫的长夜实际上是需要我们好好品味的。沏上一壶茶,呷上两口,让自己的思绪随着这黑夜飘飞,既是品茗,又是对自然的一种品味。自然界中的黑夜是静谧的,它那种淡淡的夜幕下所透露出的美丽总是让人陶醉、让人着迷。生活中的黑夜和沉默更是如此,在这淡淡的夜幕之下的是一种生命的厚重。正如泰戈尔所说:“在我的一生里,也有贫乏和沉默的地域。它们是我忙碌的日子得到日光与空气的几片空旷之地。”

当我们投身生活的忙碌,便觉得大多数时间忽视了生活本来的意义。生活中的我们不应该是忙碌的奔波者,不应该是匆匆的过客,更不应该是《小王子》中那个可怜的点灯人。生活应该是甜美的、芬芳的,然而生活的甜美和芬芳是需要呵护与浇灌的。或许现在对你来说,生活的重点是一次升职、一次加薪、一种赞美……但泰戈尔告诉我们,生活中的贫乏和沉默正是我们不可或缺的一部分,贫乏和沉默也能衍生出一种生活的美丽景致。

在泰戈尔的遣词造句中，我触到了他澄澈的心灵；在泰戈尔的感悟中，我看到了他对于生活所付出的爱情的理解，爱情并非狭隘的男女的情爱，而是一种爱黄昏、爱黑夜、爱真理、爱人生、爱孤寂的田野、爱阑珊的风、爱瞬刻的博爱情怀。事物就是那么奇妙，一切事物的变幻好像决定于自己的意念，所以我们应该用一颗爱万物的心去爱我们的一切，包括爱我们的学生——美丽的天使。

在泰戈尔的笔下，孩子有自己的道理。他说："孩子有成堆的黄金与珠子，但他到这个世界上来，却象一个乞丐。他所以这样假装了来，并不是没有原故。这个可爱的小小的裸着身体的乞丐，所以假装着完全无助的样子，便是想要乞求妈妈的爱的财富。"说得多好！孩子并非幼稚，他完全可以洞察世间万物，只是他的理解力已经高于我们这些成年人，让我们望尘莫及。孩子们会问很多我们认为很"幼稚"的问题，但是我们往往被问得哑口无言。泰戈尔却用这种独特的想象，让孩子的性格跳跃，让孩子的智慧挥洒。这样的文字，没有站在高山之巅引吭高歌的铿锵，没有矫揉造作、故弄玄虚的强说愁，有的只是一种从心灵中流出的清泉，伴着擦过溪石的潺潺……

人的一生或许短暂，但每一个人生的站点，都需要用爱、用美来铺洒。生命的意义不是忙碌，而是惬意，是一种不浓郁，不热烈，不着痕迹却深沉的美。或许泰戈尔带给我的这种美是不露痕迹的，但是我的身心却在不自觉中被他的文字和情感所吸引。我慢慢地合上了书，轻轻地，缓缓地，生怕惊动了这文字中正在开放的花蕾和正在化为金色花的孩童。

换一种角度看历史

郭　萌

在一些讲述历史的书中,历史的舞台上最活跃的往往是少数政治人物与知识分子,他们的名字被写在书中最醒目的位置,成为每个重大历史事件的主角。这样的叙述以破碎的、遥远的、陌生的片段描绘着社会历史的演进,使历史因此成了神秘的、意识的东西。看到了历史的发展,却找不到发展的真正动因;看到了人创造历史的作用,却误以为历史是由少数英雄人物书写的。

我们倾向于描摹上层建筑的崛起，而支撑上层建筑的经济基础则被深埋于历史的黄土之中，鲜为人知。须知一座大厦的高耸有赖于地基之稳固，当代中国之进步，无一不是建立在经济的发展之上。如民主平等之进步、法律制度之完善、国际地位之提高；而大厦将倾的危急时刻，最先坏掉的也必是国民经济。近代中国之屈辱，始于制度腐败而致的经济颓废，内无民主，外无主权，军阀混战，暗无天日。

最近，我有幸拜读了吴晓波先生的《跌荡一百年》，著作从经济学的视角剖析了1870—1977年的中国历史，即始自洋务运动，终结至改革开放前夜的跌荡一百年。书中既有为我们熟知的重大历史事件和历史人物，又有历史舞台背后更加鲜活的、生动的、亲切的国民经济、民族企业和企业家们。在这里，历史找回了它的动力体系，也找回了它真正的书写者——社会中作为大多数的人民。

19世纪中后期的中国到处充满着帝国斜阳的忧伤。帝国主义的搜刮让政府的财政压力空前巨大，为了偿还战争赔款，当然也为了维持封建贵族的奢侈生活，政府只会增加农民的赋税，使之前就备受剥削的农民雪上加霜。政府的残暴孕育了革命，太平天国运动就是在这样的历史背景下爆发的。作为中国农民革命运动的高峰，太平天国运动给了统治者沉重的打击，显示了农民强大的革命力量，但最终还是未能改变近代中国的悲惨命运。随着国门被帝国主义的坚船利炮强行打开，各地民变也开始盛起。面对这样的内忧外患，这个曾经自大的帝国的统治者也开始了本能的自救——一场以学习西方技术为主题的洋务运动开始了。洋务运动真正开创了中国近代企业，一个新的阶级——民族资产阶级开始出现在历史的舞台上。改革播下了革命的种子,也正是在旧社会的胚胎里孕育了新社会,新旧社会因此连接在一起,使历史呈现出它的连贯性。

然而洋务运动始终没有触碰到更为核心的制度层面,清王朝的统治者信奉的依然是“中国文武制度,事事远出西人之上,独火器万不能及”。

与此同时,日本开始了明治维新。同时开始的工业化变革在不同国度却走向了不同的命运——明治维新成就了日本的百年兴盛,而清政府却走向了灭亡。最根本的原因就在于不变革腐朽的制度,所有改革只能是不痛不痒,最多也就是苟延残喘。

甲午一役“唤起吾国四千年之大梦”。在这种历史性的悲凉时刻,三个中国知识分子各自做出了自己一生最重要的选择:37 岁的康有为选择了变法,28 岁的孙中山选择了革命,42 岁的张謇选择了实业。前两者,我们再熟悉不过了,然而张謇的实业道路却是鲜为人知的。在考取状元一年后,张謇放弃仕途,下海办厂。在那个鄙视工商的年代里,这成了新鲜的笑话,却也带来了巨大的震撼效应。知识分子下海被称为“士商”,在中日甲午战争之后的中国渐成时尚。他们与那些官办商人、买办商人及草根起家的民间商人构成了晚清企业家的群体,他们将在日后的社会动荡中扮演重要而微妙的角色。

张謇一生积累的财富达数百万两白银,大多用于教育和地方建设。他曾言:“天之生人也,与草木无异。若遗留一二有用事业,与草木同生,却不与草木同腐。故踊跃从公者,做一分便是一分,做一寸便是一寸。”这是何等的眼光与胸怀!

翻阅中国屈辱的近代史，企业家们的爱国热情和他们对事业的热爱交织在一起，他们用自己的力量，在国民经济领域掀起了一次次的爱国运动。在那个政治、外交上毫无尊严的年代，中国人开始在经济领域重新树立自己的尊严。范旭东早年到日本读书，一个日本校长对他说："俟君学成，中国早亡矣。"这句话警醒了他，从京都帝国大学化学系毕业后，他立即回国，立志于复兴中国的盐业。之后又转战碱业，创办了永利制碱公司，并且规定永利"股东只限于享有中国国籍者"，这与上海外滩公园那张"华人与狗不得入内"的牌子形成了鲜明的对比。1926年，在美国费城举行的万国博览会上，永利纯碱荣膺大会金质奖章，这是中国工业进步的象征。

1937年，日军侵占上海、南京后，国民政府迁至重庆。局势危急，为阻止日本军舰沿着长江水路侵占重庆，国民政府决定沉船以阻挡日军的进攻。在沉船计划中，招商局的沉船占总吨位的40%！不仅是沉船，航运企业还担负着转运重要物资的任务。民生公司在宜昌抢运中，40天的航运量相当于1936年一年的总运量。在长江沿线，一艘艘装满乱石的铁船自凿沉没，中国企业家在国家存亡之际表现出了惊人的勇气，以最悲壮的方式展现了自己的力量。

在最动荡惨烈的历史中，总会有这样一群人，怀着纯粹的信念、鲜明的历史感、强烈的社会责任感，将自己与社会道义紧紧联系在一起。历史在这样的描述下变得丰满，变得与我们息息相关。

对于一个国家而言，任何一段经历都是那个时期国民的共同选择，我们既是历史的剧中人，又是历史的剧作者。

吴晓波先生为我们摊开的这幅历史画卷，让我们以更加深邃的眼光、更加宽广的胸怀、更加开阔的视角去观察中华民族那跌荡的一个世纪。当然,最重要的是我们要以史为鉴,站在当代社会的浪尖,做一个时代的弄潮儿。

第二章

扬师风、颂师德

真爱，所以持之以恒

王玉歌

《爱心与教育》这本书我只看了一部分，但它对我心灵的震撼却是强烈的。看到的每一个故事、每一个细节都会让我有感动，有感激，有惭愧，有反省，各种感觉交织在一起，大脑中渐渐清晰地显出几个鲜明的大字——爱心的坚持创造教育的奇迹。

读着这本书，我思考最多的是怎样的老师才算是个好老师，怎样才能成为李镇西那样的好老师。反思自己,我觉得自己是爱学生的,但没有像李镇西老师那般爱学生爱得如此彻底,如此执着,如此义无反顾。我想这就是我和李老师的差别所在。

当一个好老师的基本条件是拥有一颗爱学生的心。李镇西老师让我明白,只有爱心的坚持才会创造奇迹。“我觉得我的运气好,每教一批学生,他们都对我特别好。比起学生对我的感情,我欠他们的实在太多太多!”读着这些话,我不由得思绪起伏。我想,学生之所以对李老师好,并不是因为李老师的运气好,而是李老师为学生付出得太多太多。试问:有几个人能做到每天给学生煮鸡蛋?又有谁能付出如李老师对宁玮、伍建那样的关爱?还有像万同这样的学生,李老师那近五十页的“我与万同的故事”,着实让我震撼。我在阅读中不断地被感动着,也不断地思考着,如果我遇到像万同这样的学生,我会有多少耐心来等待他的转变,又会有多少爱心和毅力来对待他身上的那些让人难以预料的反复。想到这些,我感到自惭形秽,羞愧无比!从万同身上,我看到了转化一个学困生的艰难,更看到了李老师的爱心、耐心和信心。万同的每一点变化,无论是朝哪个方向,都牵动着李老师的心。万同身上所体现出的反复,足以考验最有耐心的教师。我想李老师之所以会有如此的耐心与爱心,是因为李老师始终有一颗感恩的心吧!因为感恩,他不断地付出,因为不断地付出,他不断地收获着学生的感恩,就这样周而复始,才使李老师有那么好的“运气”,遇到了那么好的学生。因此,不要总是抱怨学生不懂事、不知道感恩,究其原因是我们还没有做到、做好、做深、做透。

一个人做一件好事并不难,难的是一辈子做好事。同样,做一时、一天的好老师并不难,难的是每时每刻心中都充满对学生的牵挂和爱护;爱一个好学生并不难,难的是爱一个像万同这样的学困生。我们下的功夫、花费的心血远远不如李镇西老师,我们的教育智慧、技巧也远远不如李老师。我们对学生的爱是零星的、间断的、不恒定的,而李镇西老师的爱一如行走沙漠的疲惫者得到了甘霖,又如痛苦无助、暗夜孤独的人赢得了星光,找到了自信、自尊,让人振奋。这正是李镇西老师受孩子衷心爱戴的根本原因。他对"逆境"学生的关怀,对"优秀"学生的培养,值得我们每一位教师学习。

爱学生真的很难,转化一个学困生更难,但李老师都做到了。他的爱平等地洒向了每一个孩子。他的教育手记让我看到了师爱的关键——真爱,所以持之以恒。理解的微笑不应当只有瞬间,平等的交流不该是心血来潮,内心的宽容不只是套出真话的手段,真诚的关爱不只是语言的表达。真正的师爱就是"把整个心灵献给孩子"!

读了《爱心与教育》,我反思自己与李镇西老师之间的差距,督促自己走出浅薄,走出自满,走近学生,走进教育!相信只有爱心的坚持才能创造教育的奇迹。

老师的职责不只是教书

王鹏雪

在学生时代,总会遇到一些这样的老师,他们将学生的分数作为对学生评价的唯一标准,分数高的就深得他们的喜爱,而分数比较低的基本就被他们推到一个不管不问的边缘,任这些学生自生自灭。更有甚者,还会对一些调皮捣蛋或者成绩较差的学生百般挖苦和讽刺。在读《唇舌的授权——张文质教育随笔》一书时,我的脑海中不时地浮现出这样的景象。

在我上高中的时候,班里有一个同学物理学得还算不错,而且他本身对物理也有比较浓厚的兴趣,直到他遇到了那一位物理老师。因为这个同学比较调皮好动,不受这位物理老师的喜欢,上课时经常被老师点名批评,还受过挖苦讽刺,结果很快他就对物理失去了兴趣,成绩也一落千丈。

在这本书中,类似的例子数不胜数。我慢慢地看完,发现虽然例子的内容不同,但这些老师有一个共同特点,那就是没有把学生当作学生,只是把他们当作了自己教学成绩体现的工具对象而已。布置海量的作业,挖苦学生,在公开课时提前规定只允许成绩好的学生举手发言,或者不让学困生去上公开课。这些老师的做法深深地伤害了学生。

作者随笔式的记录,写下了教育中一些不可思议、不合情理的现象。如一些老师把成人的观念灌输给学生,为的是给老师穿上华丽的外衣或赢得功勋,殊不知这样的行为在潜移默化中对学生的伤害有多大。

作者也在思考:什么是教育?我们究竟需要的是什么样的教育?很多时候,作者认为,教育需要的是勇气,如让学生懂得良知,更具创造力,给学生更多的信任,看到学生成绩以外更大的潜能。

我在教学工作中也遇到过类似的问题。比如我们班就有一个男生,他的英语基础差,小学期间几乎每次考试都不及格,而且这个男生还比较调皮,这让我感到很头疼。后来通过仔细观察,我发现他虽然英语基础差,可也有了一些进步,而且他的理科学得非常好,还多才多艺,会弹钢琴、会唱歌,性格开朗,和同学们玩得非常好。试问:这样的一个学生,能单纯地就因为英语差被列为学困生吗?作为我的学生,我教授他的那门课是他最差的,我就能因为这个理由去排挤一个整体潜力不错的学生吗?

在老师的眼里,不应该有“学困生”这个概念。书中,作者多次为往年的冲动和对学生的伤害而忏悔。没有无药可救的学生,只有没有尽心尽力的老师。所以,我也在想,对这个学生我不能放弃,不能对他放任不管。正因为他的成绩差,我才更应该去培养他对英语的兴趣,慢慢帮助他提高成绩。虽然可能到初中毕业,他的英语成绩也不会特别优秀,但是只要他没有对英语失去信心和兴趣,总有一天,他的英语会达到他需要的水平。

合上书,我静静地思索。回忆起自己学生时代的种种,留下深刻印象的老师无外乎两种:一种是让人特别讨厌和反感的,另一种是亲切得让人感动的。而这些亲切和感动并不一定是因为老师在授课,很可能就是一些朋友般的关心和交流。

还是那句话,教师的工作不只是教书。一直以来我们都在强调,学生应该德、智、体全面发展。从这里看,德、智、体中德为第一。而现实生活中,我们往往只是根据书本来教授智。因为对智可以有一个简单的明显的评判,那就是考试。但对德应该用什么方式来进行考试?谁又能说他认定的“德”是一个合格的标准呢?所以在实际生活中,我们往往为了能被人很容易看出来的“智”而忽略了更重要的“德”。

思索良久:教育需要的到底是什么?教育需要的是勇气,是敢于突破条条框框、创新的勇气,打破分数就是打破一切限制,让学生拥有自由、良知和创造的勇气。给学生更多的信任,让他们拥有放手一搏的勇气。

为人师表,就应以自己的言行和作风来感染学生,给学生更多的关心、更多的爱护和了解。一方面授之以知识,帮助学生树立一个正确的理想和道德观;另一方面教授自己。这样在若干年后,才不会因为回想起曾经伤害了某个学生而像作者一样懊悔和自责。

绿叶的幸福

张伟霞

泰戈尔说:“果实的事业是尊贵的,花的事业是甜美的;但是让我做叶的事业吧,叶是谦逊地、专心地垂着绿荫的。”教师就应该像那默默奉献的绿叶,时时刻刻衬托着鲜花的娇艳。人活着就要做有意义的事,而这些有意义的事就蕴藏在我们平凡的生活小事中,它不是豪言壮语,不是伟大誓言,而是默默奉献。

今年寒假期间,我学习了《新时期师德修

养》。这本书主要从四个方面阐述了师德的内涵：一是教师对待教育事业的道德；二是教师对待受教育者的道德；三是教师对待同事和教师群体的道德；四是教师对待学生家长及其他社会人员的道德。想想自己选择从事的教育事业，我感慨万千。转眼间，我踏上讲台已经有 10 年了，一路走来，有泪水，也有欢笑；有迷茫，也有收获。通过学习，我慢慢释然，找到了明确的答案。尤其是书中的第二个主题“师生交往中的师德”，让迷茫的我知道了师德是一种职业道德，它是教师和一切教育工作者在从事教育活动中必须遵守的道德规范和行为准则。教师的道德素质比教师的文化素质更重要，道德是教师的灵魂，师德是教师人格特征的直接体现。

我认为教师要提高自身的师德师风要从以下几个方面入手：

一、爱岗敬业

首先，要热爱教育事业，对教育事业尽心尽力。我们既然选择了做教师，就要从内心热爱这份职业，不计名利，积极进取，努力创新。尽心尽责地完成每一项教学任务，不求最好，但求更好。只有这样，学生才能受到老师的影响而努力学习，不断进取。作为新时期的教师，我们必须知道爱生是立业之本，读书是立生之本。每一位教师都要爱读书、读好书，我们读书是为了更好地肩负起我们的责任，更好地生活。学习让我明白，作为一名教师，我们要甘为人梯、乐于奉献，要静下心来教书、潜下心来育人，要与学生平等相处，尊重、关爱每一个学生。只有我们把学生看重了，学生得到了老师的尊重，他们才会尊重老师，愿意学习老师所传授的知识。如果我们把学生当成天使，那么我们就生活在天堂；相反，我们就会觉得自己生活在地狱。

二、努力进取

作为传道授业的老师，只有不断更新自己的知识，不断提高自身素质，不断完善自己，才能教好学生。如果自身散漫，怎能要求学生认真？要提高自身素质，我们年轻教师就要多听取学生和老教师的意见，不断地学习，不断地探索新教法，努力使课堂教学更朴实、高效、生动、独特。在教学中我们要做到有效地备课，体现教师教学的智慧，常规教学做到扎实有效。

三、以身作则

教师的一言一行，学生均喜欢模仿，教师的言行就会对学生的思想、行为和品质产生潜移默化的影响。因此，教师一定要时时刻刻为学生做好榜样，凡要求学生做到的，自己首先要做到，坚持严于律己。教育就是一棵树摇动另一棵树，一朵云推动另一朵云，一个灵魂唤醒另一个灵魂。我们要学会喜欢学生，喜欢和他们在一起，这样才可以发现他们的优点。我觉得“身临其境”才是最好的教育。

四、刻苦钻研业务

精通教学业务是成为教师的关键。只有精通专业知识,才能将科学文化知识准确地传授给学生,而不至于误人子弟。如果学生提出的问题教师总是不能准确地解答,教师在学生心目中的威信就会逐步丧失,学生对教师就会失去信任,对教师所教的学科失去学习兴趣,自然也不可能学好这门课程,提高教育教学质量也将成为一句空话。教师要提高教学业务水平,就必须自觉坚持学习和参加业务培训,并在教学实践中不断锻炼和提高。

五、加强学习,提升教师魅力

书中讲到的有些老师是我们学习的榜样,我们从他们身上学到了埋头苦干、精益求精的工作态度;艰苦奋斗、乐观向上的工作作风。他们对教育事业做出了巨大的贡献,对待教书育人工作的态度是真心实意、踏踏实实的。模范教师的成功告诉我们:作为一名教师,必须要修品练功,以自己的人格魅力、学术魅力和工作魅力感召和吸引学生,从而起到良好的示范作用。我们一定要与时俱进,孜孜不倦地学习,积极进取,开辟新教法,并且做到严谨治学,诲人不倦,精益求精。教师只有进德修业、为人师表,学生才会爱戴敬重他,从而亲其师,信其道。此外,教师还要勇于改革和实践,探索和创新。在知识经济迅猛发展的今天,教师任重道远。我们必须更新观念,变教育者、传授者为指导者、促进者、设计者、沟通者，以生为本，以情为主，尊重学生爱学习、爱自由、爱快乐的天性，相信每个学生都想学好，都能学好。同时做到善于运用新的教学方法：先学后教、教少学多，追求不教而教、“授人以鱼，不如授人以渔”的教学目标。

耿耿园丁意，拳拳育人心；身于幽谷处，孕育兰花香。让我们发起青春的誓言：任凭岁月更迭，世事沧桑；任凭青春流逝，红颜憔悴，我会永守心中这片绿叶，享受绿叶的幸福。

守候“热土”　耕耘“岁月”

武欣欣

魏书生是一位好老师,也是新教师们的老师。通过阅读《教育改革家——魏书生》这本书,我对师德有了更深层的理解——师德之灵魂就是爱与责任。

“教学是一个良心活儿!”这句话一针见血地道出了师德的重要性。师德高尚的老师会用自己的言行影响学生,潜移默化地感染学生,在传授知识的过程中,教会学生如何做人;

师德高尚的老师,会不断更新教育观念,教学中指导学生学习,传授学习方法,使学生终身受益;师德高尚的老师,会时时处处默默耕耘,像蜡烛一样,无私奉献,无怨无悔。

每天看着学生迎着初升的朝阳步入校园,又目送他们踏着落日的余晖走上归途,从他们那稚嫩的脸上我看到了对知识的渴望,我深深地感到教师责任的重大。作为教师,我们要在这一颗颗心里灌输无穷的智慧,注入高尚的品德;我们要在这一张张白纸上画出锦绣的河山,写出美好的明天。

看魏书生的事迹,让我感受最深的是他对教育事业无比热爱和忠诚的精神,是关爱学生,充满人性、人情和民主的为学生服务的思想,是对工作埋头苦干、刻苦巧干、精益求精、乐观向上、努力追求卓越的精神,是坚定的改革信念和实践精神。这些构成了他的人格魅力和高尚的师德,也成就了他的事业,以至于我们难以忘却他演讲、上课时的音容笑貌。学魏书生的为师之道,我们首先要学习他那高尚的师德,我想正是他高尚的师德所焕发出的巨大人格魅力,才使他的教育走向成功。

魏书生教育思想博大精深,内涵极为丰富。学习魏书生不能仅在一些表面现象上照搬照抄,刻意模仿,应该在学习研究中感悟他教育思想的真谛,深入精髓,抓住本质,进行创造性学习,从而形成自我教育个性。魏书生老师真心实意地忠诚于教育事业,潜心热爱着教育事业,并用自己的行动去实践。人要想做好自己的本职工作,就必须热爱自己的职业,把职业当成事业,把平凡的工作看成是伟大的事业,去钻研、去努力、去探索。不要见异思迁,更不要得过且过。要经常想到自己工作的重要性,自身责任的重大,只有这样才能静下心来,排除杂念,认真探索做好本职工作的途径与方法，寻找规律，取得成绩。魏书生认为潜心育人校校可成净土，忘我科研时时能在天堂。他不会唱高调，热爱是他自我发展的秘诀——爱他的职业，爱他的事业。因为热爱教育事业，他放弃了到大学读书的机会，放弃了在工作岗位上提干的机会。当不少人在贬低教师的价值时，他居然写了150次申请，要求当教师。正因为他对教育事业真挚的爱，他才认为教书是享受，育人是享受，学校管理是享受，工作是享受，生活是享受。正因为他对教育事业真挚的爱，他才肯把自己的一切都奉献给教育事业。也正因为他肯奉献，他才在短短的教育历程中，取得了令人瞩目的成绩，他才更进一步认识到自己的奉献是必要的，自己的付出是正确的，才更有信心、有胆量向更高远的目标奋进。

做一名合格的教师，要具有深厚而广博的学识。学高为师，身正为范。要从教书型教师向教育科研型教师转变，就要自觉地转变教育思想。不变就意味着僵化、落后，我们的教育应该面向现代化，面向世界，面向未来，使我们的学生自觉适应不断变化的未来。今天的教师不仅要能够指导学生正确地学习，获取知识，充满信心，而且要能引导学生正确地生活，面对现实，正视人生，在顺境中不断地克服自己的不足，在逆境中不断地肯定自己的长处。

每当我看到教师为了学生那渴望的眼神而努力拼搏的时候，每当我看到教师为了学生的将来而耐心指导的时候……我的内心就震撼着，感动着。是什么力量支撑着他们忘我地工作？又是什么精神使他们不知疲倦？那是对学生的爱，对事业的执着，对人生的追求……我既然选择了这个职业，就会无怨无悔，因为这里有我的讲台，这里有我的爱。

让我们守候这方热土,用三寸犁铧耕耘岁月。虽然我们平凡,我们却用平凡来铸就辉煌;虽然我们清贫,我们却用清贫来造就富有。我愿在教育这片净土上唱响我的青春之歌!

让我飞翔的是书

张碧博

父亲送我一本书,名为《玫瑰与教育》,清新淡雅的封面吸引了感性的我去阅读。凝神静气、沉思默想、反观回味之后,阅读的阳光照耀着生命的伸展,好似精神的呼吸,也是心灵的振翅……

做一朵富有真情的玫瑰

窦老师在书中说,自己要像红玫瑰代表的那样,对教学付出热情和真爱;像黄玫瑰代表的那样,珍重自己,祝福孩子;像紫玫瑰代表的那样,感受每一颗心灵的真实和独特;像白玫瑰代表的那样,一辈子拥有和学生一样的童年天真;以至努力做到黑玫瑰的温柔,橘色玫瑰的友情,蓝玫瑰的善良……

我想,要成为这样一朵富有真情的玫瑰花,教师心中首先应该有爱的信念,心中无爱,则无可给予,无可传递。这种爱的信念,要架构在生命的取向上,要有高度,有广度,更要有深度。所谓高度,就是大爱至上,着眼于学生人生发展的高度;所谓广度,就是“博爱”,既着眼于每一个学生,同时又着眼于学生的全面发展;所谓深度,就是进入心灵,进入心灵深层的对话和共鸣。唯其如此,方为育人之师,方可启迪学生心灵,将爱的信念进行传递,让他们坚信“道不远人”,让他们在坚定中坚守人生。

做一方自然天成的河岸

窦老师用岸与水来形容教与学的关系,她认为有了岸的约束,水才会优美地流成河。同样作为一名教师,如何做好一方河岸,是值得我深思的。

教育的对象是人,教育就要做到眼中有人,心中有人。回想自己登上讲台的这些日子，每节课关注的更多的是教材和其中的知识点，还有大量的有时甚至是漫无边际的关于文本的联想和想象，于是就无序地、无奈地将这一切抛给学生，使学生成了某种知识的容器。总以为只要自己把知识教给学生了，在某一个时刻按一下按钮，它们就会在学生脑海中呈现出来，否则就是失败。有时把教学流程设计得很精致、很详细，招招式式都追求一个"讲究"。留给学生的空间太狭窄，不懂得圆融。而窦老师则指出教学就是要使学生睁开眼睛观世界、观内心，打开灵气之门，让学生的生命得到舒展。读到这一点我才恍然大悟——原来过多的束缚就是悲哀的枷锁。

宗白华把自己的美学思考称为"美学散步"，那么语文课又为何不能是师生自由自在、无拘无束的美的散步呢？好的河岸应该像好的文章那样：行云流水。行当其应行处，止于当其应止处，挥洒自如。

做一个奋斗不息的追梦人

有一首歌让窦老师不止一次为之动容，也让我久久回味，那就是《等待》。歌词中有这么几句："我不知道为何仍这样痴情。明知辉煌过后是暗淡，仍期待着把一切从头来过。我们既然曾经拥有，我的爱就不想停顿，每个梦里都有你的梦，共同期待一个永恒的春天。"细细想来，从选择做语文老师的那一刻起，梦想便在心中发芽滋长。

我有一个梦想：让孩子们继承古典和国学的精神产业，让他们拥有五千年的温情的记忆；让他们爱方块字，爱中国文学和文化；让他们懂得欣赏我们民族的艺术和习俗；让他们有看星看月看云的闲情，有担当天下的责任感、忧患意识和沸腾的热血。

我有一个梦想:孩子们可以吃麦当劳和肯德基,可以去迪斯尼和夏威夷,可是我要给他们一双中国人的眼睛和一双中国人的耳朵,更重要的是一颗中国人的心。我要让他们有“读书人”的情怀、气质和价值观,我还要和他们一起既脚踏大地又仰望星空。

我有一个梦想:虽不能至,然心向往之,且为之奋斗不止。

有人说,教育是一个容易让人心灵结茧和蒙尘的职业。所以,我想借狄金森的诗取暖、保湿——“跳着舞过黯淡的日子,让我飞翔的是书”。期待来日有更多精神食粮唤醒心灵之舞。

爱,传递真情教育

张 慧

爱是亘古长明的灯塔,它定睛望着风暴却兀不为动,爱就是充实了的生命,正如盛满了酒的酒杯。

——泰戈尔

有人说:读一本好书,就如同交到了一个好朋友。寒假期间,我有幸拜读了李镇西老师的《爱心与教育》,顿觉受益匪浅。

这是一本洗涤心灵的书，吸引我的不是什么华丽的辞藻，而是那平凡而细腻的笔触中所体现出来的近乎完美的亲子之爱、师生之情及朋友之谊。书中李镇西老师对“后进”学生的转化，对“优秀”学生的培养，对“心理”教育的尝试，对“有效”德育的探索，无不渗透着爱的力量，散发着智慧的光芒，值得我们每一位教师一读。我也深深地感到：当一名好老师最基本的条件是拥有一颗爱学生的心，这样才能传递真情教育。

从李老师的教学实例中，我首先体会到的是充满感情的教育。一个真诚的教育者必定是一位真诚的人道主义者；一个受孩子衷心爱戴的老师，一定是一位最富有人情味的人。只有童心能够唤醒爱心，只有爱心能够滋润童心。离开了情感，离开了老师的爱心，这种感情的建立便成了无源之水、无本之木。如今，我从事的是中学教育，面对的就是十三四岁的孩子，只有自己拥有一颗爱他们的童心，才能体会到学生内心的情感世界，学生才会敞开心扉，使我的教育之舟驶入青春的海港。

书中最令我感动的是李老师与学生间平等的关系，他是学生的老师，更是学生的朋友，而且是知心朋友。在李老师给学生的信中，几乎每次的落款都是“你的朋友　李镇西”。李老师对学生朋友般的坦诚、悉心的教导让我感受到了教育的真诚与挚爱。

反思自己的教学工作后我也发现：拥有一颗爱心，真心付出，学生们也同样会真心喜欢你。教师对学生爱的表达应该是无微不至、不由自主的：学生失意的时候，给他一点鼓励；学生遇到困难的时候，给他一点帮助；学生悲伤的时候，给他一点安慰；学生高兴的时候，走到他们中间与他们一起分享快乐……我们要对学生赞美与宽容，尊重他们的成功,哪怕只有一点点的成绩。不要吝啬赞美,你会发现他们脸上甜甜的微笑让人陶醉,这种无名的爱融入彼此,也教育了他们要继续努力争取更好的成绩。当调皮的孩子犯错时,要细心教导,让他们感受到老师是因为爱他们才教导他们的。有时不需要言语来表达,他们也能感受到老师的一颗爱心。因为有了爱心,学生努力进取、奋发向上,你会发现这样的教育更有意义,也让人更容易接受!我更深刻体会到:我们不仅要有一颗爱人的心,更要有一颗智慧的爱心!

两年前,在我刚刚踏上工作岗位的时候,我就以这样一句话作为自己的座右铭:教育是爱的事业,一头挑着学生的今天,一头挑着国家的未来。想到这里,我深感自己肩上责任的重大,同时也回想到李老师说过的一句话:如果孩子是鸟,你就是天空;如果孩子是鱼,你就是大海;如果孩子是花,你就是春天。这句话道出了老师的光荣与伟大,也暗示了老师的使命和责任。

每当身在三尺讲台,看到学生一张张稚嫩的笑脸及渴求知识的眼神,我就很想做好他们的天空、大海和春天,让他们在天空中自由地飞翔,在大海中欢畅地嬉戏,在春天里感受勃勃的生机。我要做到爱岗敬业、踏踏实实,从小事做起,从身边的事做起,热爱每一个学生,关心他们,教育他们,因为他们都是国家未来的建设者。无论今后他们是参天的大树,还是碧绿的小草,作为老师,我应该给予他们充足的阳光、水分和养料,让他们健康快乐地成长。

读书伴我成长,读书教我育人。《爱心与教育》这本书给我一种领悟、一种发现!它启发我在日常的教育活动中要开展爱的教育,因为爱才是教育的灵魂,没有爱就谈不上教育;有真诚的爱心,才有流动的血脉，才有生命的教育。让我们积极行动起来，像李镇西老师那样，用我们的真心、爱心和责任心，在每一个学生的心田都播下希望的种子，以一颗智慧之心、仁爱之心、包容之心去拥抱我们的事业，收获成功的教育、启智的教育、真情的教育！

用一生来备课

李 帅

做教师这些时间以来,我既获得了一些经验,也收获了很多感动,当然困惑也时有出现。偶然间我看到《给教师的建议》这本书,本以为又是艰深的理论巨作,怀着深切崇敬之情翻开之后,平易近人的句子就像一位长者在同我亲切地交谈。更为重要的是,作者用一生的经验,解决了我们年轻教师许多很具体的困惑。讲解没有大道理的堆砌,都是很具体、很常见的例子,甚至可以作为一本常见问题的处理手册。

我常常会为作者透彻的分析拍案惊奇,也常会感到眼前一亮,茅塞顿开。看到最后,忽然发现,也许我们都太急躁了,做教育本来就是一个循序渐进的过程。在这个过程中,我们既要遵循学生认识事物、学习知识的天性,又要慢慢地积累知识,增进对教育的理解。这本来是一个需要日积月累的过程,而今却常常被那些速成教育所取代。如果真的想要做教育,做一个真正意义上的教师,就要多思考,坐得住冷板凳,耐得住寂寞。

苏霍姆林斯基是一个长期处于一线的教育家,是真正的知行合一者。书中指点我们:

一、读万卷书

如果无法做到行万里路,那就必须要多读书。读书不是为了应付明天的课,而是出于内心需要和对知识的渴求。书中的那位历史教师说,他对那节课准备了一辈子,对每一节课,他都是用一辈子的时间来备课的。如果一位教师在他刚从事教育工作的头几年里所具备的知识,与他要教给儿童的最低限度知识的比例为 10∶1,那么到他有了 15 年至 20 年教龄的时候,这个比例就会慢慢变为 20∶1,30∶1,50∶1,这一变化就归功于读书。时间每过去一年,教科书这一滴水在教师知识的海洋里就会变得小一些。这主要因为教师理论知识在数量上的增长。量变可以转化为质变:教科书的背景越宽广,教师职业素质的提高就越明显,在课堂上讲解教材时就能更加自如地分配自己的注意。

二、术业有专攻

我们除关注课本、大纲知识以外，还应拓展视野，补充相关知识。要想给学生足够的引导，就应该精研学科内的知识。对于所教授的学科，我们自己必须先感兴趣，用自己的热情和好奇心，引导学生对该学科产生兴趣，从而在学习过程中产生足够的激情。这样，在获得具体知识之前，学生已经具备了该学科的知识框架，这有助于提高他们对知识的掌握层次。

三、有一双善于发现的眼睛

研究学生的认知特点时，需要一双善于发现的眼睛。教师要善于确定每一个学生在此刻能够做到什么程度，如何使他的智力才能得到进一步的发挥，这是教育技能一个非常重要的因素。教学和教育的技巧与艺术就在于要使每一个学生的潜能发挥出来，使他们享受到脑力劳动中成功的乐趣。这就要求教师能对学生的能力有一个初步的判断，避免要求学生做他们不可能做到的事，保护和培养学生的自尊心、自信心。对于在学业上落伍的学生，教师要能发现他们的长处，做到因材施教。

四、开卷有益

教师应积极引导学生进行阅读。在我们创造性的教育工作中，对学困生的教育是“最难啃的硬骨头”之一。有那么一些学生，他们理解和记住教材知识所花的时间比普通学生多两三倍，前一天学过的知识，第二天就忘，为了防止遗忘，需要在教过教材后的三四个星期（而一般是三四个月）就进行巩固性的练习。在学困生所读的书籍里、在他周围的事物中，发现某些使他感到惊奇和赞叹的东西，这对学困生的教育大有裨益。用惊奇、赞叹可以治疗大脑两半球神经细胞的萎缩、惰性和虚弱，正像用体育锻炼可以治疗肌肉的萎缩一样。现在还很难说明，当儿童面前出现某种使他惊奇和赞叹的东西时，他的头脑里究竟发生着怎样的变化。但是在孩子感到惊奇、赞叹的时候，好像有某种强大的刺激在发生作用，唤醒大脑，迫使它加强工作。对这些学生来说，不能把学习仅仅局限于背诵必修的教材，这会使他们养成死记硬背的习惯，变得更加迟钝；而扩大这些学生的阅读范围可以更有效地减轻他们的脑力劳动。

为了提高成绩一味地从课本中寻找出路，不是良策。可目前因为各种各样的原因，很多地方仍在采用题海战术。当学生出现这种情况时，我们也常常手足无措，或许我们该换个思路，比如给学生推荐一些适当的读物。

五、学习就是生活，学习也要接地气

与生活结合,让学习内容更加生动。就像当下流行的一个对影视文化作品的要求——要接地气。我们的教育也应该避免因与现实生活脱节而产生矛盾。学生获得的新知识不应该只是刻板的、冰冷的、需要识记的内容,要让学生真正地深刻理解知识的内涵,就需要将其与生活中常见的现象结合。例如讲光合作用的内容时,应当给学生讲清楚植物的绿叶里所发生的变化。这一切都可以讲得合乎科学的可靠性、理论的彻底性和教学论的循序性,但却有一项任务没有完成——引起学生一定的智力积极性。我深入地思考:那因果联系挂钩的交接点究竟在哪里呢?后来发现问题就在于无机物怎样变成了有机物。这是一幅令人惊异的、神秘莫测的图画:植物从土壤和空气里汲取无机物,然后在自己复杂的机体里把它们变成了有机物。这个把无机物制成有机物的过程究竟是怎样的?在植物机体这个复杂得令人难以捉摸的"实验室"里,在阳光照射下,把矿物肥料这种无生命的东西,变成了西红柿美味的肉汁,变成了玫瑰的芬芳花朵,这一切都是怎样进行的呢?我在讲述的时候,尽量引导学生意识到这个问题,使他们感到激动:"这一切就在我的眼前发生,可我为什么没有认真思考过它呢?"学生提出的疑问越多,他们获得的知识就越深刻。

对于教师,作者建议我们每个月买三本书:关于所教的那门学科方面的书;关于可以作为青年们学习榜样的那些人物的生活和斗争事迹的书;关于人(特别是儿童、少年、青年)的心灵的书(即心理学方面的书)。这样每过一年,自己学到的知识就会变得更丰富。在参加教育工作满十年的时候再看教科书,它就应该简单得像小学课本一样。只有在这样的条件下,才可以说:为了上好一节课,是一辈子都在备课的。只有每天不断地补充自己的科学知识,才有可能在讲课的过程中看到学生的脑力劳动:占据注意中心的将不是关于教材内容的思考,而是对于学生思维情况的关心。这是我们每一个教师都应该积极探索并向此靠拢的。

书中列举的很多具体案例,对我们这些年轻教师有着很强的教育意义,也让我们对教育、教学看得更明白。结合当今社会的情况,我想在应试教育与素质教育之间谋求一种平衡,这也许是新时代留给我们的新问题吧。

这是一本常读常新的书,我每次读都会有不同的收获,建议我们的教师朋友可以经常翻看一下,逐步体会那种用心做教育的感觉。

开卷有益,相信每个人都会有所得。

用心灵赢得心灵

杨 莉

读万卷书,行万里路。对于闲暇时间很少的教师来说,读书无疑是开阔视野最好的捷径。读书是一种享受,它可以使你暂时忘却自己所处的空间位置,忘却繁杂的琐事。尤其是读教育类的书籍,你可以从中学习怎样进行教育教学,获得许多启迪,让自己在教育教学工作中更加从容。

“做一个有智慧有人格魅力的教师,过一

种有尊严的教育生活”是我作为人民教师的一个目标。读了李镇西老师的《爱心与教育》,我的感触更深了。

作为教师,应该多读书,读不同类型的书,尤其是文学名著。都说“读书破万卷,下笔如有神”,通过自己的实践,我确实有这种感觉,读书不仅增长见识,还可以在写作时有所借鉴。李老师经常向学生推荐各种课外读物,以丰富学生的精神世界,这不仅提高了学生的语文素养,也让学生在阅读的过程中获得了自我教育的动力。当然,推荐给学生的书都是李老师先读过的,这一点特别值得我学习,虽然我是教数学的,但我一直认为读书可以让自己的心灵变得更丰厚,能够承载更多生命的底蕴。读书伴随着积累,然后在需要的时候才能“厚积薄发”,在课堂教学中给学生提供适当的精神营养。

教师应该真诚地喜爱学生,并走进学生的心灵。李镇西老师时时反思自我,时时向学生学习,他也认为学生的心灵纯洁可爱。在这里,我之所以用“也”这个字眼,是因为我在平时的教学工作中就有这样的体会,而读到这里的时候就和他产生了共鸣。与李镇西老师在书中坦然自述的一样,我也是个急脾气的人。有时因为急躁和学生产生了不该有的误会,特别是和那些学困生。每次过后,我都后悔不已,但学生从来不跟我记仇。有时,我真诚地向他们道歉,他们却说:“没事儿,老师,你都是为我们好。”反思一下,作为老师,我很惭愧,常常戴着“有色眼镜”看学生,其实他们是多么天真无邪呀!今后,在和学生相处的过程中,我要格外注意树立教师的形象,真心喜爱学生,与学生和谐相处。爱学生,才能对学生的缺点宽容处之,慢慢等待他们战胜自我,取得进步,和他们一起成长;爱学生,才能细心指导学生,如李镇西老师在给新生的信中,对新学期的准备就提出了具体的要求;爱学生,就要有耐心地用谈心、写信的方式和学生真诚沟通,而不是一味地批评教育学生。李老师转化学生万同的方法和耐心很值得借鉴。

做老师是一件幸福的事情。教师这个职业固然辛苦,但却极富挑战性。在和每一个学生每一天的相处中,要针对学生千差万别的个性因材施教。面对一个个有自己独特想法的学生,工作要时时创新,但更应遵循教育的规律。在书的前半部分,李老师教给学生的自我激励方法是"每日九问",而在"手记三"中,他在指导学习程度好的学生学习时提出了"每日十问"的要求:一问今天在家早读外语没有,二问今天上课开小差没有,三问今天学习上提出什么问题没有,四问今天的功课复习没有,五问今天预习明天的功课没有,六问今天做过闲事没有,七问今天"过电影"没有,八问今天的计划完成没有,九问今天有未弄懂的难题没有,十问今天有无浪费的时间。他要求学生把这十个问题制成表格,每天按实际情况填写,并鼓励学生:一两天做到这每日十问并不难,但关键是要坚持下去,唯有这样,才能真正步入学习的良性循环。我对比了一下,我也经常建议学生问问自己今天学习了什么内容,今天复习巩固了吗,今天预习下一课了吗。一部分学生真的在做这些事了,而还有一部分学生仍旧学无习惯,乱作一团,所以必须经常指导个别学生学会学习,培养其良好的学习习惯。

《爱心与教育》给我感受最深的是教师首先必须要有高尚的人格魅力,让学生"亲其师,信其道"。在尊敬、信任甚至崇拜的前提下接受老师的教育,学生受到的教育会更深刻,效果也会更好。此外,教师还应该努力和学生建立起深厚的感情。正如李老师在书中用一个个鲜活生动的教育成功事例反复证明的那样：师生间的感情，是教育成功的第一块基石。离开了老师的爱心，感情的建立便是无源之水。

对于我这个年轻的班主任，要学习的还很多。我要把握好素质教育的实质，着眼于人的培养，不断探索，不断完善，形成自己的教育、教学和管理风格，对得起学生那一声声“老师”的呼唤！

今天这样做教师

侯慧丽

寒假期间，我和王晓春老师的《今天怎样做教师》进行了面对面的交流。这本书里介绍了如何做一名合格的人民教师，并且给出了不同的事例来说明如何和学生及家长沟通交流。结合自己的一些感受，我认为做一名合格的教师，必须"以诚待人，以真待事"，这也是王校长在班主任会议上对我们的要求。

古人云："精诚所至，金石为开。"作为老

师,无论是对待学生还是家长,都不能总以老师身份高高在上,而应该以诚相待,这在处理与班里学生及家长的关系上尤为重要。每次的家长会上,我都会以诚恳的态度来讲述班里学生的实际表现以及我的教育方法,邀请家长讲述一些教育孩子的感受,并给他们一些中肯的建议。如家长应试着与孩子进行心与心的交流,成为孩子真正的朋友。优秀家长应具备的素质:做一个榜样型的家长——正确引导,身教胜过言传;做一个监督型的家长——作业督促,思想督促;做一个细心的家长——观察孩子言行,对症教育。

平时,经常会有家长到学校或者打电话和我交流他们在教育孩子时出现的困惑,如为什么孩子对待家长很冷漠,老师或家长是否要时刻盯着孩子,怎么教育孩子处理男女生关系等。我也有些困惑,但在这本书中我找到了一些问题的答案:当孩子出现问题时,对待孩子既不要冷漠,也不要迁就;不可以对孩子说贬低的话,也不可以轻易答应或者拒绝他的要求;给孩子一种"平静的爱",平时抽时间和孩子多聊天,聊天中不要有教育语言。如果班里有些活动可以发挥孩子的优势,可以用不经意的态度鼓励他,他参加不要太高兴,不参加也不要表示失望。另外,家长不能总拿成绩作为和孩子沟通的开始,而应该像朋友一样多给他关心,如果学习这条路行不通了,就应从其他方面帮孩子找出一条能走得通的路,不要用黑暗的未来吓唬他。如果孩子有早恋现象,说明孩子在家庭里缺乏爱,这时家长应给予孩子更多的关心及正确引导。

王晓春老师的这本书使我受益匪浅,同时我也感受到对待学生就应该像对待朋友一样,以真诚去浇灌学生的心灵之花。我经常在课堂上利用课本中的事例来引导学生,用平实的语言唤起他们的热情,培养他们的爱心。功夫不负有心人，我的真诚换来了学生更加努力的学习。除了真诚，还应该平等地对待每一个学生。“Everyone is created equal.”我会时刻把这句话放在心里。从教十多年来，我教过的学生有考上清华大学、北京大学的，也有在学业上一无所成的。但无论什么样的学生，在我心里他们都是一样的。我认为教育不一定培养学生人人成才，但一定要人人“成人”，走到社会上，能成为自食其力的劳动者。有些老师在课堂上对于目标以外的学生做什么都置之不理，认为只要不违反课堂纪律就可以，而我却做不到。每个学生都需要老师的关心和在意，否则我们的教育就不公平。在我的课堂上，学生都积极回答问题，因为我给每个学生都有机会：把难的问题留给那些基础较好的学生，而简单的问题留给那些以前基础不太好的学生，使大家觉得在这个大家庭里，每个人都能得到老师的关注。

作为班主任，我更应该与学生们坦诚相待。开学的第二节生物课讲的是人体的生殖系统。这节课的内容学生们比较敏感，有些男生甚至表现得特别激动，还没有上课就往办公室里跑，担心上不了这节课；见了生物老师鞠躬问好，超乎异常地礼貌。针对这种情况，在班会时我认真地和学生交谈，告诉他们生殖器官是人体的一部分，就好像手和眼睛一样平常且重要，希望每位同学学好这一章的内容，彻底了解自己的身体，这样才能健康茁壮地成长。我真诚的话语感动了他们，课堂上每个学生都认真听讲，认真学习这节课的内容。通过这一件小事，我真正体会到真诚对人、认真做事的作用。

真诚对待学生，还应该对他们倾注爱心。爱是温馨的，它可以融化世界上任何一座冰山。教师课堂上的一言一颦，都可以给学生爱的启示。一个灿烂的微笑、一声真挚的鼓励、一个关爱的眼神，都能让学生有如沐春风的感觉。爱是打开心灵的钥匙，是沟通的桥梁，有了它，学生对英语课程不再惧怕；有了它，我的课堂更加轻松和谐。把爱渗透在每一节课，我的课堂不再生硬和死板，而是充满了生机与快乐。试问，有哪个学生不愿意听这样的老师讲课呢？

十年树木，百年树人。学校教育关系国家的未来，因此我认为凡是关于学生的事都是大事，都必须认真对待。王晓春老师特别强调：一个认真负责的老师应该对教育工作时刻保持新鲜感。他认为，在工作中常有新鲜感的教师，是对学生以及教育工作认真负责的老师，对于这一点我深有同感。在我看来，每天的太阳都是新的，每一个学生都与众不同。他们来了去，去了又来，每天都带来新的挑战、新的惊喜。作为一名教师，每天都应该带着儿童般的好奇心走进学校，走进课堂，给学生不一样的感受。我喜欢的课堂是充满生机的，而且能够看到孩子们求知的眼神和微笑。但有些老师认为，教师的工作第二天是第一天的克隆，今年是去年的拷贝。课还是照老办法上，学生照老办法管，几年前的教案仍然可以使用，一切都枯燥而令人厌倦。这样的态度怎么能够面对思维活跃的“00后”学生呢？

“以真对事”，对于教师来说，其实也就是认真对待学生在学校里的每一件小事。无论作为班主任还是任课老师，学生不管是在生活上、学习上，还是与同学的相处中出现了问题，我都会认真对待并帮助他们走出困境。如我的办公桌里总放着一些常用药，以备学生急需。七年级学生刚入校时不会打扫卫生，我跟着他们值日将近半个学期，从扫地、拖地，到擦黑板、擦玻璃，一点点教给他们。学习上从课堂听讲、做笔记，到课后复习、做作业，以及作业的要求等都说给他们。其实，教育学生的过程就是一个拼细节、拼态度的过程，只要老师认真对待每一件事，学生就会受到影响。我一直记得“身教胜过言传”这句话，老师认真对事的态度犹如春风细雨，会慢慢滋润学生的心田。

感谢王晓春老师，是他让我对怎样做教师有了一个新的思考；感谢曾经带给我鼓励和帮助的领导与同事们，是你们的真诚让我坚定了做一名认真负责的教师的信念；感谢和我朝夕相处的孩子们，是他们让我认识到我存在的意义；感谢学校组织的这次读书活动，让我有机会思考如何做一名优秀的教师——以诚待人，以真对事。

用心灵赢得心灵

任昊燕

“爱人者,人恒爱之;敬人者,人恒敬之。”没有耀眼的光环,没有夺目的名利,我就这样慢慢地在肩头扛起了教书育人的责任。

选择了这个极具魅力和境界的职业,我凭着自己的一腔热情,渴望在这个舞台上大展拳脚,却因自己经验不足而处处碰壁。我掩卷沉思,渴望在书中聆听到智者的教诲,寻求成功者的垂范。

教师的工作，其本质上就是一种唤醒，是一种生命对生命的召唤，心灵对心灵的召唤。手捧《最牛的教师》，静心阅读，在心灵上和诸位大师面对面地交流，我不禁慨叹：教师这个平凡的职业竟也可以做得如此轰轰烈烈。面对诸位大师在自己平凡的工作岗位上所达到的令常人无法企及的高度，我慢慢地开始沉下心来思考……

教师的个人魅力

"安其学而亲其师，乐其友而信其道。"心灵对心灵的召唤能否成功，完全取决于教师是否具有"感召人的力量"，这种力量被称为"教师的魅力"。《最牛的教师》引发了我关于教师魅力的思考：

一、有学识、有追求、有境界

1.有学识

做过教师的人都懂得学生掌声的重要性，如果你获得了掌声，说明你被承认、被赞美、被关注。有了这种魔力，你就会无往而不胜。课讲好了，学生爱听了，教学目的达到了，学生成绩也提高了。然而获得学生的掌声必须有一个前提，那就是学生对你的认可。获得学生掌声的方式各种各样，有"老成持重"型的，有热心"春风化雨"型的，但凡是"干瘪无味"型的都会被学生抛弃，并且自己也会越来越感觉江郎才尽，越来越无法面对学生。在这个过程中最为关键的就是，作为一位老师，你必须有足够的学识去征服你的学生。那位让学生"飞"起来"摘桃子”的孙维刚老师，正是凭借自己渊博的学识构建起了自己的“结构教学”法，用他自己的话说就是“八方联系，浑然一体，满江碧透，鱼翔浅底”。他可以让七年级的学生学到高中二年级的课程，可以让高中的学生明白大学课程的内容，融会贯通中增加了学生对学习的兴趣，更增强了他们求知的欲望，正所谓“授人以鱼，不如授人以渔；授人以渔，不如授人以欲”。

2.有追求

陶行知先生认为：要想学生好学，必须先生好学，唯有学而不厌的先生，才能教出学而不厌的学生。如果教师停止了学习，停止了攀登，他终有一日会因不能培养出社会需要的人才而被社会淘汰。教学本身就是“教”与“学”相长的过程。“随风潜入夜，润物细无声”，教师的一言一行都会影响到学生的成长、成人、成才。因此，教师作为身负重任的社会一员，更应该积极地进行自我教育，不断追求人格的自我完善。既然选择了教师这个职业，就应该抱最大的希望，尽最大的努力，因为美好的生命应该是充满追求、期待和惊喜的，人生最重要的不是所站的位置，而是所朝的方向。

3.有境界

教师之境界当是秉承光大文化之精神，开阔视野，陶冶情操，不断学习充实自我，乐读书、善读书，以“书”之精华夯实自然之道，以“德”之品行涵养浩然之气，以广博的知识从教，以宽厚的胸襟育人；教师之境界当是拨开云雾见青天，站高一点，望远一些，以大气的理念经营大气的课堂，装点大气的教育风景。

二、有爱心、有诚心、有恒心

1.有爱心

每次走进教室，看着一张张充满朝气的面孔和那清澈的眸子，我的心中总会闪过一丝丝的喜悦。每当我来到学生中间，我的心就全部被他们占有了。我爱这些孩子，从他们每个人的进步中我享受到了金钱买不来的幸福。没有光环，没有名利，有的只是心灵的充实和满足。

“没有爱就没有教育”是霍懋征老师的座右铭，她用一个“爱”字诠释了教育的最高境界。作为一名教育工作者，对孩子的关爱不应是溺爱，而应是一种充满教育智慧的爱，是尊重、不放弃，也是源自心底的由衷关怀。

爱不等于教育，但教育不能没有爱。

父母爱自己的子女，那是血缘本能，天下一理，至高无上。老师爱所有的学生，那更是道义和美德，更加神圣和崇高。用心灵赢得心灵，只有我们用自己的赤诚之心对待我们身边的每一个孩子，我们才能真正收获一个个纯洁的心灵。于永正老师认为没有感情的教学，教学技巧再高明，也是苍白的。

2.有诚心

生活中总是充满了奥秘，当你心中有诗，你的眼里便处处有诗意；当你心中有诚，你的脚下便步步都坚实。此时，我们无法选择生活中遇到的每件事，我们更无法控制千军万马过独木桥的教育现实，但我们可以选择自己的心态，用一种坦诚的心去面对每一个孩子，关注每一个学生，让每一个学生都感到自己在老师眼里是最重要的。

有人说，生活就像一面镜子，你对着它笑，它也对着你笑；你对着它哭，它也对着你哭。其实，学生也是如此，他们敏感的心灵会捕捉到老师情绪上点滴的变化，批评合理不合理、表扬真诚不真诚，都会在他们心里留下或深或浅、或积极或消极的印记。

3.有恒心

任何教育成就的取得，都不是一蹴而就的。教学是一个漫长的、潜移默化的过程，我们必须有坚定的信念。一分耕耘，一分收获，责任在肩，一路前行。在忙碌的工作中，或许你偶尔会有抱怨，相信这只是你教学生涯中的一个小插曲。

每一个学生都是一个鲜活的生命，每一个生命都闪烁着智慧的火花。把自己当作学生，用学生的眼睛去观察，用学生的方式去思考，相信我们终能找到打开他们心门的钥匙，真正把教育的甘露撒播在孩子的心田。

我爱我的学生，我爱我的职业，我更爱这个充满生机和活力的校园。作为一名刚刚踏入教育行列不久的新人，我体验到了教育带给我的充实和快乐。我乐于在教育书籍的字里行间捕捉教育的灵感，但从不曾奢求学生把自己称作“园丁”，称作“春蚕”，只希望自己能做一个摆渡者，坚定自己的信念，用三年的时间，用尽一己之力，把这些可爱的孩子送到成功的彼岸。

润物细无声

李艳萍

马克斯·范梅南教授写的《教学机智——教育智慧的意蕴》是值得一看的。书中写道：教育机智表现为克制，表现为对孩子的体验的理解，表现为尊重孩子的主体性，表现为“润物细无声”，表现为对情境的自信，表现为临场的天赋。教育机智保留了孩子的空间，保护那些脆弱的东西，防止伤害，将破碎的东西变成整体，使好的品质得到巩固和加强，加强孩子的独特之处，促进孩子的学习和个性成长。读完这些以后，我一直在思考教育机智的本质是什么。其实，教师在教学过程中面对特殊的教学情境时最富灵感的“点睛之笔”的背后，是教师对职业的崇敬、对学生的爱。

我在教学过程中经常会遇到一些偶然的、突发的事件，如教学的失误、学生的失当行为、课堂上学生意外的回答。如何处理这些情况需要老师的机智，更需要老师对学生的爱护。所以作为教师首先就要做到热爱自己的职业。只有热爱自己的职业，才会理解、尊重学生。

书中给我印象最深的是三个关于他的学生的故事。

第一个是科妮丽娅的故事。一天，科妮丽娅没有来上英语文法课，范梅南有些难以接受。在一次课间休息时，他在走廊上碰巧见到了科妮丽娅和她的好友咪纳妮，于是就问她为什么那天没有上课。科妮丽娅说：“咪纳妮感觉不舒服，于是我决定陪陪她。”范梅南听了十分恼火，本想训斥她一番，可忍住了，转而转向咪纳妮，问道：“你没事吧？”咪纳妮回答说，“是的”，但很显然，她正在为什么事苦恼着。于是，范梅南又问她是否需要帮助。咪纳妮看起来都快哭了，可嘴上还是说她会没事的。范梅南克制住了自己，没有再说话。我想，此时无声胜有声，如果范梅南对科妮丽娅发一通火也许正中她的下怀，但是不理她，她反倒可能会反省反省自己了。同时，因为对咪纳妮的关心更为人性化地打动了她，从那以后，咪纳妮像变了一个人似的。以前她常常不合作，而且也不怎么说话。可现在，她感受到了老师对她的关心，使她与老师之间多了一份理解，这也对她的学习起到了积极的作用。

教授用智慧改变了一个人，这就是教师应该具备的第二种素质，即学会控制自己的情绪。这是教师必备的能力之一，也是师德的要求。

碰到令人气愤的事或突发的情况，如果我们能控制好自己的情绪，那么紧张的局面就可以得到缓和，甚至会收到意想不到的效果。学生们之所以喜爱和尊重快乐、不泄气、不悲观失望、不乱发脾气的教师，是因为他们自己是快乐的、懂得尊重的人。

第二个故事是有关杰逊的。杰逊平时总是一副心不在焉的样子，很少完成家庭作业，英语老师怀疑他可能吸毒，其他老师认为他上学只不过是消磨时间而已。可是有一天上课前，杰逊早早地进了教室，在老师周围徘徊了许久，最后将一张纸片放在了讲桌上。老师惊奇地发现那是一首写得不错的诗，就夸赞了他，没料到杰逊竟想让老师把它贴在大厅的一块大贴板上（那里只张贴老师选中的作品），老师虽然有些吃惊——杰逊也会在意这件事，但还是愉快地答应了。那天晚些时候，老师看到杰逊和朋友在一起时，指着墙上说："就那首诗，是我写的。"任何一个学生都并非一无是处，每一个人都有自己闪光的地方，抓住这些闪光点就抓住了教育的契机！

勇于赏识，善用赏识，是教师的另一个素质，同样也是师德的要求。在日常的教学中，难免会遇到一些成绩差、纪律差的同学，我们称之为"学困生"。在做学困生的转化工作时，作为教师应该摒弃冷眼和偏见，用真情去浇灌，用爱心去培育。教师要及时发现，准确把握每个学困生的优点，使他的优点得以升华，特长得到发挥，使他感到"我也有比别人强的地方""我也有自己的优势"，从而正确地认识自己。

我在网页上看到这样一段话：考 100 分的学生你要对他好，以后他可能会成为科学家；考 80 分的学生你要对他好，以后他可能成为你的同事；考试不及格的学生你也要对他好，以后他可能会捐钱给学校；中途退学的学生你也要对他好，他可能会成为比尔·盖茨或者乔布斯……

虽然是调侃，但确实也折射了时下一些教育现象。对教师来说，职业道德要求尽量公正公平，所以学会赏识学生，当学生遇到困难时，当学生遭到失败时，当学生不敢尝试新事物、缺乏信心时，当学生在做一件似乎不可能做好的事时，教师要给他们以鼓励。给学生一个微笑，告诉他："你能做好，老师相信你……"有了教师的鼓励，学生会感到有一股强大的力量在支撑着自己，从而对自己充满信心。这样的结果何尝不是我们希望看到的呢？

第三个是吉姆的故事。一天下课后，吉姆来到老师跟前，想请他在中午给他讲解英语作业中的疑惑。老师爽快地答应了，并让他把午餐也带过来，要和他边吃边谈。在我们的眼里，学生如果主动来问问题，那就说明这是一个勤学好问的好学生了，老师肯定会耐心讲解，直到学生完全明白为止。然而，书中描摹的却是另一番机智。他们开始吃饭时，吉姆就谈开了，他讲了自己的许多想法，而老师多数情况下只是静静地听着，不时鼓励地点点头，很少提问题。最后，吉姆详细地概括了自己对作业的想法，然后放松地向后仰靠在椅背上，并对老师表示了感谢。其实，老师给予吉姆更多的只是默默的聆听。

"默默的聆听"原来有时比话语更重要，更有影响力。在这样的谈话中，唠叨很不适宜，多余的提问也只会打扰和伤人。我想这就是沉默的力量，这就是教育的智慧。用心聆听学生，是尊重学生的表现，也是师德的要求。

用心去读，用心体会，用心去做，原来当老师也会别有洞天！

第三章

聆听智者的声音

我陪你像树一样生长

孙振华

《孩子你慢慢来》中有这样一个情景：龙应台在淡水的小街上买花，卖花的阿婆把花交给约五岁的孙儿捆扎，小男孩想用草绳在花束上系一个蝴蝶结，可手指绕来绕去总是系不好。阿婆开骂，龙应台说“让伊慢慢来”。

我瞬间被击中，落泪，想起了幼年往事。我的父母都是普通的工人，初中文化，为生计劳累，教育小孩多用“土法”。我上小学的时候，妈妈早饭会做粥，责令我喝完才去上学。冬天里我起床很困难，不想离开温暖的被窝儿，好不容易爬起来，时间已不多，还要喝粥，痛苦得要死，妈妈已不耐烦地催促着“快点，快点，麻利点，从小就这么慢吞吞，长大了怎么办”。

这种催促的话语我经常会听到，做作业、洗衣服、整理东西，总是在妈妈的“麻利”咒语下进行。可是，我越被催促，心里越慌乱，完成得就越慢，于是坐实了“慢性子”的评价。我那么小，看见妈妈一个劲儿要求我“快”，就想“快”是对的，我要做对的事。于是起初努力地想快点讨好母亲，结果却是动作快了，质量没了。洗衣服洗不干净，作业也写得不工整，反而搞得自己更被动。这种挫败感彻底击垮了我，我索性就“慢性子”好了，还不用快，多好。

看到那句“让伊慢慢来”，久远的记忆穿过时光闪现在脑海，我才发现，我有那么深的执念，我渴望着妈妈也能温和地对我说，“没关系，你慢慢来”。可是，我理解妈妈，父辈的教养方式以及各种观念都来自他们所处的环境。动作不快，能在大锅饭里捞到一勺羹吗？动作不快，计件工资就少得可怜！动作不快，减价的大米抢也抢不到……所以，她觉得“快”是对的，她要求我快，她是怕我活不下去或者活不好。

可是，我却想慢下来了。这不仅源自我从小的经历，更多的是我对生活的体验。我不知道大家到底在急什么，好像时间总是不够用，活着就像拼命。即使生活艰难，放慢一下脚步，看看头顶的天空，也不妨碍我们努力地活着啊！

“快”有“快”的好处，“慢”更自有一番情趣。不记得是谁说过，连上帝也不愿用一天的时间造一株橡树。那么，人的成长就更不能一蹴而就了。

我想,我将来有了小孩,我定会对他说:“孩子,你慢慢来,妈妈陪你长大。”

就像龙应台写下的——

我,坐在斜阳浅照的石阶上,望着这个眼睛清亮的小孩专心地做一件事;是的,我愿意等上一辈子的时间,让他从从容容地把这个蝴蝶结扎好,用他五岁的手指。

孩子你慢慢来,慢慢来。

做最好的自己

黄松奎

书是我们的好朋友，通过它可以“看”到广阔的世界，“看”到银河里的星星，“看”到中华瑰丽的五千年，“看”到风土人情和世间万象……这对我们扩大视野、增长见识、丰富积累、提高素质，有着十分积极的意义。

在学校“书香校园”读书工程的号召下，我买了一本李开复先生的《做最好的自己》。首先吸引我的是书名，一拿到书，我就兴致勃勃地读了起来，读完不禁觉得神清气爽。以前也曾读过一些书，读后似乎感觉都是一些空话，仅仅留给我一些无谓的说教，没什么实质性的帮助。可这本书与众不同，如何才能做最好的自己，这是我们每个人都需要思考的。很多时候，我们都在审视别人，研究对手，却很少有时间静下心来了解自己。李博士用平实的语言为我打开了一扇了解自己、重新审视自己的心门。他告诉人们：做人不是只有自省才能更完美，但是不时地自省却能让自己更加清醒；做人不是简单地树立理想就可以轻松实现，但是没有理想的人却一定无所适从；做人一定要有广阔的胸怀，真正做到严于律己，宽以待人，才有容天下之大量的非凡气度；做人要有勇气，敢于追逐自己梦想的人才能让更多的机会停留在自己身边……他不仅提出了浅显易懂的"成功同心圆"说，而且运用大量发生在他身边的事例来阐述成功的秘诀。这些事例很值得我学习和品味，从中吸取经验和教训，指导我走向成功。

每个人对成功的理解不同。相信许多人和我一样，有这样的感觉：不知道什么才是真正的成功，怎样才能实现成功。现在看了李老师的"成功"学后体会到：人和人之间千差万别，每个人都有自己的选择，不能用同一个模式作为衡量所有人成功的标准。一个人无论地位与名望的高与低，拥有财富的多与少，只要发挥了自己的特长，又对社会和他人有益，同时还体验到了无穷的快乐，他便成功了。做到了最好的自己就是成功。

世界本来就是一个矛盾的集合体，每个人在生活中都要做出各种各样的抉择，但不需要为压力过重而苦恼，也不需要因为失败而哭泣，更不要让事情主宰了我们，应该用积极的态度来主导、推动事情往更好的方向发展。

最后李老师认为:成功就是不断超越自己,就是“做最好的自己”。对此,我的理解就是每个人都有成功的机会,形式不同,成功的意义也不同,不要去在乎世俗的模式,只要自己努力去实现理想,并且每天都在向理想靠近,就是成功。成功的标准并不是单一的,社会给每个人提供了不同的舞台,只要在自己的舞台上将自己的价值发挥到极限,无论是令人瞩目还是平凡普通,都是成功。当然,在现实社会中或许我们每个人都有自己无法实现的梦想,我们的理想和现实之间永远存在着距离。而许多事情是我们无法改变的,我们所能做的只有改变心态,调节情绪,改变思考方式,不断超越自己,努力让自己的生命充分燃烧,做最好的自己。

读完这本书,我感到其实做好自己并不难。作为一名教师,工作经常陷入一种疲劳的状态,经常会被学生的问题搞得很累。我知道这不应该是年轻教师应有的心态,可我总是控制不住自己的情绪,总是会被学生不尽如人意的表现所影响,开始经常抱怨这,抱怨那,甚至怀疑自己到底适不适合做教师。刚参加工作时的热情减少了,这种心情影响到了我的生活和工作。

现在我意识到:既然已经选择了做一名教师,那么悲悲戚戚是当,高高兴兴也是当,我当然选择后者!是啊,开心是一天,不开心也是一天,为什么不天天开心呢?可是,每天出现的让人头疼的事情、看到让人头疼的学生,怎么能高兴起来呢?我经常想:多想想学生们可爱的地方,尽量把课上好,尽量和他们一起玩儿,这样学生们就会越来越爱自己。每天生活在一个充满爱的环境中,又怎么能不高兴呢?

多么简单、多么朴素的道理，为什么我当初就没想到呢？想想我们在工作、学习中难免会与人产生摩擦，如果我们只盯着别人的错误，那么只能让矛盾激化。相反，如果我们能多想别人的优点，或许我们与别人很快就会冰释前嫌。为什么同样的问题发生在学生与老师身上就这么不可调和呢？其实还是缘于“爱”，如果我们给学生多点再多点的爱，对于他们的错误我们都用理解之心、包容之心、责任之心看待，而不去苛求他们像成年人那么懂事，师生关系怎会不和谐？在众多的压力与竞争下，要保持积极的心态，以积极心态战胜一切困难，无论遇到什么困难都不要气馁，就一定可以做到优秀。

事实证明，我们每个人都可以做最好的自己，都可以做到优秀。我们不必为自己赶不上别人而自责，也不必因为境遇不好而感伤、怨天尤人。我们需要做的，就是追随自己内心的选择，不求其他，但求做最好的自己。我们就会变成一个更美好、更大度、更成功的人！

卡耐基的智慧改变我的生活

李晓燕

卡耐基智慧之一：友善地对待他人；

卡耐基智慧之二：拥有一颗体谅他人的心；

卡耐基智慧之三：别将自己的意见强加于人；

卡耐基智慧之四：真诚地赞赏他人；

……

这几句话摘自《人性的弱点全集》，作者是

美国著名人际关系学大师戴尔·卡耐基。

作为一名老师,闲暇之余会有一部分时间用来阅读书籍,如今的学生以及家长都与以往不同,所以对于如何与他们相处也需要不断地学习。以前自己处理不好与学生家长的关系,所以听爱人的推荐,阅读了卡耐基的名著《人性的弱点全集》。

作为一名普通教师,平日总是加班加点,注定操劳一生。我忙碌在校,以前总是为了班里孩子的功课顾不得自己才上小学的儿子,没有尽到对家庭的责任。

那时的我唯有报以歉意的笑容,对孩子说让他自己从学校走回来。虽然心里担忧他走丢,可我还是坚持在学校做学生的思想工作。有一次孩子真的走丢了,我心急如焚,幸好同事遇到了他,打电话告诉我,这才找了回来。付出如此多,我却听说学生们表面上应允,背地里却给自己起外号,什么"女魔王",什么"作业狂魔"之类的。等考试来了,如果学生没有考好,领导说你工作不力,家长说你不会带班,学生会说老师只会布置作业成绩也没见多好,反正责怪、质疑的声音会打爆我的手机。

我从心底最想要的是学生以及家长的理解与感恩,他们的善良可以弥补我生活的空缺,我的付出都是为了学生,可他们为什么还要给我起那么难听的外号呢?如果他们理解我,应该知道我的严格是为了他们好,希望他们有更强的学习动力。以前的我不知道怎样才能得到他们的理解。学生最烦作业,可我就是布置作业;学生最烦做操,可我就硬逼他们做操;学生最烦纪律,可我就是管纪律的人。用政治家的话讲,我们简直是"对立的阶级",又该怎么沟通呢?

但事情总会有转机，一度觉得不能与人很好沟通的我从此改变了生活。

那时我看到的书就是《人性的弱点全集》，我尝试着把这位智者的智慧运用于生活与工作中。

书中讲了一则太阳与风争强的寓言故事。太阳与风争论谁最强悍，风认为当然是自己，于是和太阳打赌，谁能最快地让那位穿外套的老人脱下外套，谁就最强。于是，风开始肆意地吹，而且越吹越猛烈。可那位老人却将衣服裹得更紧了。最后，风累得筋疲力尽也没有达到目的。这时，太阳从后面露出头来，温暖地照在老人身上，不久老人就开始擦汗，然后很自然地将外套脱了下来。太阳对风说："温和友善是必定会强于愤怒与暴力的。"

道理不言而喻，温和友善胜于愤怒暴力，我甚至曾经在学生的试卷上看到了以这篇寓言为材料的作文题目，察觉到在如今以应试教育为主的时代，教育家们也在以题目的方式去塑造、影响孩子们的价值观，同时也在影响着我们。

我有过这样的经历：为了树立威信，我给班里学生的仅有严厉，这样学生就会怕你，作为班主任，我一进班班里就会安静，使我觉得高高在上，有一种心理满足。可是学生们也有自己的思想，仔细打听你就会知道，有的学生对你阳奉阴违，散布厌恶你的言论，这时我就会把那些学生叫过来吵一顿。可是有作用吗？美国总统威尔逊曾说：如果你满怀怒气握紧拳头来找我，那么我的拳头会握得更紧。

学生还是孩子，无论内心有没有叛逆，都有很强的可塑性，所以我还有很多机会改变他们内心的叛逆。在学习了卡耐基的智慧后，我想到了上面的寓言，心想何不用温暖和善良去打动他们呢？在班上，我不能给学生太多好脸色，不然会显得老师好欺负，可是私下里跟他们谈话时为何不学学卡耐基的智慧，来温和对待他们，或许可以取得更好的效果。

其实学生们都很单纯、很善良，用温和的方法在私下里更能让他们感到老师对他们的好，这样我听到的反对声就越来越少了。

《人性的弱点全集》是卡耐基智慧的结晶，这其中的种种道理，用一位社会学家的话讲就是“触目惊心”。卡耐基作为一个人类伟大的心理探寻者，教导了一代又一代人。书中说不因小事和别人争论不休。我以此鞭策自己。一次，我与一位家长发生了争执，当时在电话里和家长已经有了口角，眼看争吵就要爆发，我突然想到“拥有一颗体谅他人的心”这句话，于是我说：“我们的目的都是为了孩子对吧？”一句话缓和了气氛，我和家长开始平心静气地交流，最后还达成了共识。就这样，很多次我都得到了家长的理解。

卡耐基说：真诚地赞赏他人。我暗暗提醒自己，面对做了错事的学生，我第一句话一定会真诚地赞美他勇于认错，勇于担当的精神。看着学生灰暗的眼睛重新绽放光彩，我知道他对我放下了防备，面对我的批评会更加虚心。

卡耐基说：间接委婉地指出他人的错误。我奉行之，总是间接委婉地向学生们说出自己的要求，学生们也更容易接受了。

读这本书使我经历了一场精神上、心灵上的蜕变，现在我发现，学生们是那么善良与单纯，当他们感觉到了你的真心，他们会深深记在心里，每次遇到你都会面带微笑。我发现家长和自己原来可以很好地合作，因为我们都是为了孩子，共同的目的有了，我们就是朋友。生活与工作原来可以这样美好。

如今，儿子已经被保送上了大学，我带班也还熟练，学生的成绩让人满意，学生尊重理解我，还知道用功，家长再也没打来抱怨的电话，反而会时常送来一句句感谢。

我很欣慰，这是那位美国大师的功劳。他的智慧，改变了我的生活。

不忘初心，一路向前

武靖华

在星巴克创始人霍华德·舒尔茨的自传《一路向前》的封面上，有这么两行字："曾经迷失，却从未远离信仰；可被战胜，但仍能卷土重来"。纵观星巴克的发展，你会发现这是一个关于迷失、找回灵魂和重获新生的故事，也是一个守住初心，一路向前的故事。

2007年以前，星巴克高歌猛进地扩张，不断地扩建门店，在全世界各个地方都能够看到那条绿色的美人鱼,随之而来的股价暴涨、销售利润额不断提高,使得当时的决策者自信心膨胀,没有人去指责它的光芒太过刺眼,没人质疑过它扩张背后潜在的衰败之势。直到有一个季度,报表上的数字终于暴露出了问题。正如舒尔茨在这本书的引言中所说:“衰败发生得安静而平缓,就像脱线的毛衣一样,从松动的那一针开始,一点点脱线。”扩张中的星巴克忘记了自己的初心所在。舒尔茨思考着:从什么时候开始,星巴克忘记自己的业务是围绕着顾客体验和星巴克人深爱的咖啡的?是从门店扩张的速度冲昏了人们的头脑?是从三明治而不是咖啡成为菜单的主角?还是从星巴克开始进军娱乐业?星巴克迷失了方向,一味地追求扩张使得它在核心产品和企业文化方面严重打折。危难之际,原本已经卸任的舒尔茨先生重掌大旗,他开始思考星巴克最初的梦想。这个1971年成立的小小咖啡馆当初做着一个瑰丽的浪漫之梦——要把无微不至的人文情怀,输送到全世界每一个渴望关爱的角落——“向顾客提供最优质的咖啡和服务,营造独特的‘星巴克体验’,让全球各地的星巴克店成为人们除了工作场所和生活居所之外温馨舒适的‘第三生活空间’”。舒尔茨先生认为星巴克必须立刻回归核心业务,不仅要使财务状况恢复良好,更重要的是要重塑它的灵魂。改革势在必行。那些细小却危险的事情,不能继续被忽视了。为了保证顾客获得最初的“星巴克体验”以及保持这种独特的格调,舒尔茨不惜大批关闭扩张的店面,淘汰有损企业文化的店面及人员,尽管这些店面是在盈利的;为了保证咖啡的醇正口感,他还从产品源头上着手,与种植咖啡豆的农民直接沟通;对企业的员工则以“伙伴”相称。他所做的种种,都是为了在企业与文化渐行渐远的时候将其拉回到最初的轨道,可谓

"一路向前,不忘初心"。

作为一名教育工作者,这本书给我的启示是巨大的。在工作之余,看着辛苦的孩子们和疲惫的自己,我开始扪心自问:教育的初衷是什么?如果舒尔茨立志给人一种独特的体验,是否教育也是一种体验呢?正如星巴克希望消费者获得的不只是一杯口味醇正的咖啡,更是一种文化体验一样,孩子们是否也理应在获得知识的同时,有权享有一种过程体验和探索乐趣呢?"授人以鱼,不如授人以渔"。也许,引导孩子体验和发现,教给孩子获得知识的能力,才是教学工作的初衷。

德国哲学家雅斯贝斯认为教育就是一棵树摇动另一棵树,一朵云推动另一朵云,一个灵魂唤醒另一个灵魂。也有人说最好的教育就是无所作为的教育:学生看不到教育的发生,却实实在在地影响着他们的心灵,帮助他们发挥了潜能,这才是天底下最好的教育。反思自己的教学:强调知识的识记,灌输已有的思想,忽视了孩子自主发展的需要,弱化了他们发展自我的能力。语言最初和最终的目的,都是交流,可我们的孩子能做到吗?每天背的词组和句子,在他们需要的时候,能熟练运用吗?我们那么强调语法,可孩子们说出来的句子,为什么还是错误百出呢?即便是考试成绩优异的孩子,在和外教进行简单对话的时候仍是那么吃力。他们的单词记牢了,词组记牢了,语法学得那么专业,说起来头头是道,可我只能惭愧地说,我的教学只是影响了他们的记忆,没能影响到他们的心灵。就像是一个人使劲地摇动那一棵棵小树苗,希望它们快点儿长大,虽然它们在随之左右摇摆,却没有向上生长的态势。究其原因,是因为它们没有参与知识的形成,一切知识对他们来说都只是没有任何体验的抽象符号。

我很庆幸自己读到了霍华德·舒尔茨先生的自传，看到他为了回到原点而做出的努力，看到他为了保留独特的“星巴克体验”做出的牺牲。在教学中，我调整了自己的位置和教学方法，给学生更多的空间、更多思考的机会，让他们去交流、总结，最后生成知识。我惊喜地发现，他们的成绩在提高，思考和交流的能力也在一步步地提升。我想，教学工作如果始终不忘初心，将“授人以渔”贯穿始终，将学生的体验和参与放在首位，让自己成为看不见的那棵树、那朵云、那个灵魂，那么我们的课堂肯定会让他们迷恋，我们的教育也必将“一路向前”。

做渡"真"的船夫

孙红亮

在讲台上的每一天都会有许多故事，在校园的每一个日出日落都会有些许感动。有的来自学生，有的来自教育经典。最近我拜读了吴非老师的《致青年教师》，只觉心中一下清澈了许多，似阴霾过后露出的湛蓝天空。

曾经不止一次地给学生说，一个人的胸怀有多大，他的事业就能做多大。反过来想一想，我在教孩子们要胸怀豁达，可怎样做才能变得大度、胸襟博大呢？这是一个很现实也很关键的问题。这本书的第一辑就给出了答案——做个有胸襟的教师。

我喜欢书中“教师的心中没有阳光，学生的心灵上就有可能添上一分阴暗”那句话。是呀，“学高为师，身正为范”，为人师表，我们就是学生的一面镜子。如果我们是阳光的，学生就会是快乐的。我们要教学生求真，首先我们自己必须是一个真实的人，一个热爱生活、珍爱生命、真哭真笑的坦荡的真人。

做真人，教人求真

《就让你的眼泪流出来》就写到我们教师要敢于表现自己的真实感情。我们常说“真感情就是好文章”。在学生面前，我们没有必要掩饰自己的感情，我们教育学生成人，我们自己首先必须是情感正常的人。我也曾多次在课堂上落泪，为那些真感情的文章，为那些地震中坚强的孩子，为那些舍弃生命救儿女的父母。我不在乎学生笑我多愁善感，我很在意我的学生能否成为一个情感健全的人。落泪不是软弱，情感健全的人才会为了信仰视死如归。电视连续剧《我的兄弟叫顺溜》中主人公顺溜亲眼看到自己的姐姐被鬼子凌辱，在草丛中，他泪眼滂沱。但他纹丝不动，直到顺利完成狙击日军中将的任务，才打响了复仇的枪声。

谁说英雄不流泪，鲁迅不也为民而哭过，屈原不也为国而泣吗？“不要忍，就让你的眼泪流下来，当着学生的面流下来。我宁愿他们面对你的眼泪感到惊愕或尴尬，也不愿意他们就那样木然地面对人间的一切。”

教师的胸襟，是学生的天地

教师的胸襟,是学生的天地。教师的胸襟有多宽,学生的精神天地就有多大。良师之心境,如海洋一般辽阔,如长空一样高远。只有教师的胸襟博大,他的学生才能面朝大海,才能仰望星空。

每次拿到成绩单,对着好学生的优异成绩我会喜形于色,因为我的某某高徒这次单科全年级第一;对着最后几名学生惨不忍睹的成绩,我恨得咬牙切齿。其实,反过来想一想,那些孩子为什么没有考好?除个人的因素以外,我们老师就没有责任吗?我这样问自己:这些学生在课堂上快乐吗?答案一定是否定的,因为快乐的学生一定能进步。为什么不够快乐?我有没有仔细地审视他们的优点,赞美他们的优点,以一颗博大的心去包容他们的缺点?我应该早些擦亮眼睛去帮他们找到优点,扬长避短,让他们也能学到一些知识。用自己博大的胸怀给他们一席之地,让他们感觉到"我在老师心中也很重要"。也让他们有博大的胸襟去包容他人,去接纳阳光。

其实,我也可以做到。当看到很多同事都比自己水平高时,我暗下决心:在下一学年听更多的课,为了自己的成长,也为了我的学生能"大气"起来!

读《遇见未知的自己》有感

白　露

曾经这本书放在新华书店热销书架上，许是因为书名，许是因为漂亮的插画，许是因为那一句“亲爱的，外面没有别人，只有自己”，我选择了它。

每天，忙碌的工作和生活的种种琐碎将自己安排得满满的，纵然许多事情是徒劳或是必须的，但是心灵总是要寻找休憩的地方。这本书我看得极慢，断断续续地读，终于读完了。

书中有些内容也许是自己愚钝还不能领会,有些内容一时半会儿还咀嚼不透,还需静下心来细细品味、感悟。书中讲述了在别人看来什么都完美(学历、工作、家庭)的若菱在经历不快乐的时候偶遇老人,在老人的指点下她一步步认识自我,与自我对话,最后坦然面对生活中的变故,找到属于自己的快乐生活的故事。随着若菱一次次去看老人的小屋,和老人一次次对话,完成老人一次次布置的作业,寻访一位位名人的历程,我似乎也和若菱一起经历了一次心灵的蜕变。

一、我是谁?

我想周围的很多朋友都像我一样,从来没有思考过“我是谁”这个问题。如果你突然进入到一个和外部断绝联系而且完全陌生的环境,怎样向别人描述你是谁呢?我们的名字只是一个代号,而身份也终究会随着时间的推移而改变,只有我们内心的那个真实的自我,才是我们自己。书中写道:“我们人所有受苦的根源就是来自于不清楚自己是谁,而盲目地去攀附、追求那些不能代表我们的东西!”曾经我在工作中也是这样备受煎熬,一心想让自己的学生都听话,想让每一个学生都能够认真去完成作业,想让每一个学生都取得优异的成绩。可现实总是残酷的,自己所追寻的这些东西,到头来让自己变得疲惫不堪。师傅后来告诉我,每一个孩子都有自己的天性,不是千篇一律的规矩能约束的,我们更多的是需要反思:孩子们需要一堂怎样的地理课?把自己的教学工作做详做细,让每一个孩子热爱你的课堂,热爱你教的这个学科,这样你还会为孩子们的作业、成绩而发愁吗?外面没有别人,只有自己，做好自己，才会有发自内心的快乐！

二、我在追求什么？

“你不是你的工作，你不是你的表现，你不是你的成功，也不是你的失败。这些外在的东西，丝毫动摇不到你那个内在的真我，看清楚小我的虚假认同！”在现实生活中，每个人都有自己的追求。比如金钱、事业、亲情、爱情、友情等，但归根结底，就是作者总结的五个字：爱、喜悦、和平。其实我们内在的真我就是在追求这五个字，而我们却总是被小我牵着鼻子走。有的人在挫折面前抬不起头，有的人因眼前的既得利益泯灭了良知，有的人生活没有目标就像无头苍蝇，有的人因为追求过于遥远的东西而陷入痛苦。我们好像都在追求快乐，但是我们为什么总是不快乐？“快乐”是由外在事物引起的，那么一旦外在的物质消失了，快乐也就不复存在了。而真正的快乐，应该是内心的真我所追求的“喜悦”，是不被任何事物所影响的，是对自己真正的认同。

三、如何幸福？

按照作者的理解，我们每个人的最外层是“角色认同”，“角色认同”的内层是“思想”，“思想”的内层是“情绪”，“情绪”的内层是“身体”，而“身体”的内层是“真我”。我们过得幸福不幸福，就是看我们最内心的真我到底过得好不好。首先，我们一定要善待自己的身体，身体的健康是我们生活的资本，不要以为年轻就可以随意地挥霍青春，要坚持早睡早起、合理饮食，经常运动，养成良好的生活习惯。其次，我们一定要“臣服”于自己的情绪，认真地看待自己内心的情绪，只有正视它们，才能克服负面的情绪，让正面情绪更好地影响我们的行为。再次，我们就需要检视自己的思想了，时刻审视自己，突破思想的惯性，能让我们更加顺利地感受生活，感知真我。最后，在看待自己角色认同的时候要认清楚小我的虚假认同，回到上文所论述的，真正认识到自己所想要的，才能让我们真正地幸福。

《遇见未知的自己》还有许多有价值的内容，有待我在以后的日子里思索。生命不息，学习不止，这是我的信念。

向智者学习,成就幸福人生

李书娜

“为师当学魏书生,从教当学魏书生。”魏书生是我国著名的教育改革家,他的教育思想和教育理念深深地影响了几代人。空闲时间,我认真阅读了《名师魏书生》这本书,为年轻的自己充电。

本书分三部分:“自强篇”“育人篇”和“教书篇”。讲述了魏书生以“教书育人”为主题的全方位教育、教学、管理的策略和实施方法。

全书内容丰富，既有理论的高度，又有很强的实践性，有很多内容可供我去效仿和学习。

学习魏老师，就要学习他“遇事商量”的智慧。魏老师认为自己也许其他方面不如一般人，但有一条是胜过他们的，那就是遇事商量。的确，这“遇事商量”就是一般人可以想到却很难做到的。在现实生活中，我们常常看到，某些做领导的，多是命令下属去完成什么；某些做教师的，多是指挥学生去从事什么；某些做家长的，多是要求子女服从什么。命令也好，指挥也好，强求也罢，其中不乏正确的因素，但殊不知人这个万物之灵的心理是异常复杂的，弄得不好就会出现你命令他抗命、你指挥他逆反、你强求他反抗的情况。但是如果我们改变一下方式，对人平等，遇事商量，那么上下级之间、师生之间、父母与子女之间，心的琴弦就会和鸣，情的声波就会共振。因为商量就是平等，商量就是尊重，商量就是沟通。

我常常在想：魏老师是如何做到和学生如师如友般相处的呢？在这本书中，我找到了答案，那就是站在学生的角度，找到合适的起点，引导他们一步一步地往前走。在“后进班的第一次作文课”中，魏老师根据学生的实际情况，这样要求：不会自己写作文的就写听到的作文，不会写的字就用拼音来代替，不会拼拼音的就用画圈来表示。面对连汉语拼音都不会写的初中生，魏老师没有指责，也没有埋怨，只是站在学生的角度，找到合适的起点，引导他们一步一步地往前走。结果学生们乐了，都静下心来写了，好多同学写出了有生以来的第一篇作文。作为教师的我，为何不也对学生多点耐心少点责怪，多点鼓励少点埋怨，多点微笑少点否定呢？

这本书还让我对人生价值进行了深刻的思考。人生的意义是什么呢？魏先生认为这世界上，如果由于自己的存在而多了一颗真诚、善良、美好的心灵，那他便获得了生存的幸福。我觉得人活在世上，能不能幸福，最主要的是能不能有一颗好心。人只要心肠好，不管生活穷点儿富点儿，工作轻点儿重点儿，寿命长点儿短点儿，他都能坦然无愧、淡定豁达，活得心安，活得幸福。教师是平凡的，平凡得像高楼大厦中的一颗螺丝钉；但教师又是伟大的，如同大海，给人以广博、浩瀚和力量。教师不正是培养真诚、善良、美好心灵的职业吗？所以，我们应该做一个幸福的人，并将这种幸福传递给我们的学生！

工欲善其事，必先利其器。魏老师之所以能成为一个奇迹，在于他拥有一件超越了常人之心的利器，那就是对教育事业无私的奉献。只有爱与善还远远不够，他还有高远的见识、贤哲的思想、改革的勇气和对自身价值的正确认识与定位。唯其自觉渺小，才能成其伟大。

当然，他身上还有许许多多值得我学习的地方，比如高效学习日实验、学生出题评卷实验、一分钟竞赛实验等，都值得我在教育教学中去尝试和运用。在今后的工作学习中，我将继续向魏老师学习，向学校的优秀前辈学习，不断探索，不断反思，努力提高自己的教育教学水平。

与智者同行，成就幸福人生！

立足当下 脚踏实地

——读《俞敏洪口述:在痛苦的世界中尽力而为》有感

王红杰

冰心老人说:"成功的花,人们只惊慕她现时的明艳!然而当初她的芽儿,浸透了奋斗的泪泉,洒遍了牺牲的血雨。"

是的,当我们羡慕"中国最有钱的老师"时,我们很难想到他骑着破自行车往电线杆上偷偷刷广告的情形;当我们折服于他侃侃而谈、幽默风趣的演讲时,我们很难想到,初到北京大学任教时,他挽留不住自己学生转班的脚步；当我们惊叹于他缔造的享誉全国的“培训帝国”时，我们很难想到当初“帝国”的雏形只是一间勉强租到的陋室。“中国最有钱的老师”便是北京新东方教育科技集团董事长兼总裁俞敏洪。

我总习惯亲切地称呼他老俞，不仅因为在我们同样都是二十来岁的时候，沧桑的脸上就开始散发出浓浓的岁月的味道，更因为当浮躁的社会、急躁的教育让我感到困惑时，这位朴实而充满智慧的长者，用他的经历提醒我：年轻人，别着急！脚踏实地，慢慢来！

记得在学校第一期《德育简报》的筹备过程中，校园活动的宣传稿我得写，版面的设计和组稿我得做，连排版也要我来排。原本就有限的写作能力不得不一点点榨干码成文字，从来没用过的排版软件也从网上一点点学，一点点用。时间一分一秒地过去，而排好的版面因内容调整需要重排，写好的稿子为了适应版面需要而不断删减，简报迟迟不能定稿。每当心里有随便应付、敷衍了事的念头时，我就用老俞的话提醒自己。他说：“我们的生命，有的时候会是泥沙……一旦你沉淀下去了，也许你不用再为了前进而努力了，但是你却永远见不到阳光了……不管你现在的生命是怎么样的，一定要有水的精神。像水一样不断地积蓄自己的力量，不断地冲破障碍……当有一天时机来临的时候，你就能够奔腾入海，成就自己的生命。”这些话像针一样刺痛着我的心，不能敷衍、不能苟且，不能让简报去玷污学生的书桌，于是我振作精神，继续摸索。当简报散发着油墨的馨香摆在案头时，我笑了，雾霾肆虐的天气也似阳光明媚。如今，《德育简报》虽然一期期印制，然而学生的德育工作却仍然任重而道远。

叩问当下，欲望搅动着一些人平和的生活，潜规则在某些利益中间肆意游走。在一些不良风气的影响下，教育也显得有些急躁。奥数班、兴趣班、特长班、“状元班”几乎排满了学生的周末和节假日，它们消磨着学生的兴趣与爱好，吞蚀着学生的童真与快乐。我时常在想，如果为了中考，就要透支初中三年，为了高考就要透支高中三年，那么美好的少年时光岂不成了人生的一个过渡？而过渡的另一端，大学生往家里邮寄脏衣服、雇家政公司打扫宿舍的新闻不断见诸报端，面临是否考研、选择怎样的工作等切身问题时他们茫然，毫无主见。我不禁想问，这十余年的过渡究竟给了他们什么？爱因斯坦认为：当一个人把学校学到的东西全忘掉，剩下的才是教育。而我们该如何做，才能真正地担负起“教育”的重任呢？

值得庆幸的是，在时代滚滚的车轮下，一些理想主义者在郑州外国语中学相聚。他们秉承“着眼终身发展，为幸福人生奠基”的办学理念默默耕耘。在他们的影响下，我开始透过政教工作的繁杂与琐碎，重新审视每天的工作：如果能通过一次次卫生评比，让学生形成讲文明、讲卫生的好习惯；如果能通过一次次校园活动，让学生发掘自己的兴趣与优势；如果能通过一次次对违纪学生的教育，培养学生对规则和制度的敬畏。那么，一个个现代公民就会在政教处琐碎的工作里茁壮成长，一些失范的社会秩序也将在他们的手中得以逐步重建。

“路曼曼其修远兮”，作为一个晚辈、一个近乎愚笨的后生，还有太多地方需要向前辈们学习。但我不着急，也不气馁，我会立足当下，脚踏实地，诚如老俞对同学所言：“你们五年干成的事情我干十年，你们十年干成的我干二十年，你们二十年干成的我干四十年。”“如果实在不行，我会保持心情愉快、身体健康，到八十岁以后把你们送走了我再走。”

仰望东坡

梁　茜

林语堂曾这样评价一位名人:他“是一个不可救药的乐天派,一个伟大的人道主义者,一个百姓的朋友,一个大文豪,大书法家,创新的画家,造酒试验家,一个工程师,一个憎恨清教徒主义的人,一位瑜珈修行者,佛教徒,巨儒政治家,一个皇帝的秘书,酒仙,厚道的法官,一位在政治上专唱反调的人”。他就是诗、书、画、文四绝在身,多才多艺的苏轼——苏东坡。

翻开《苏东坡传》,在林语堂的笔下我看到了一个更为生动的东坡。他才华横溢,青年得志,刚中进士就获得欧阳修“他日文章,必独步天下”的美誉,由此看来“平步青云”并非难事。孰料世路多艰,风波迭起,他的大半辈子时光却在宦海中沉浮,差一点儿穷老于天涯海角。在经历了人生的大波澜以后,他也曾多次发出“人生如梦”的感叹,但他在汲取传统人生思想和个人生活体验的基础上,形成了一套“苦难—省悟—超越”的思路。他不但以其特有的心境将苦难淡化、消解,还以特有的生命智慧和审美方式将苦难生活提升美化,最终完成了他忘祸福、齐生死、乐真美的人生“涅槃”境界。当他初贬黄州寓居临皋亭时,他遍赏江山风月,宣称“江山风月,本无常主,闲者便是主人”;当他乘月至溪桥时,“醉眠芳草”一夜至春晓,可惜一溪风月,莫教踏碎琼瑶;当他夜饮醉归已三更,“家童鼻息已雷鸣,敲门都不应”时,能倚杖听江声。这位富有爱心、热爱生活、充满智慧、豪迈旷达的乐天派激励着我在烦恼时走出心灵的困境,去享受幸福美好的生活。薪水不高,即使面对天价的房源,我们仍镇定自若;课程繁重,即使批改如山的作业,我们亦鞠躬尽瘁。我想,我们是幸福的,每天有那么多可爱的孩子围绕在我们周围,那些崇拜的目光、那些甜甜的微笑,汇聚成心中点点滴滴的感动。在这样其乐融融的氛围里,看着他们一天天地成长,你会觉得再多的付出也是值得的。“行到水穷处,坐看云起时”,我们是幸福的教育者,步履轻盈,行走在幸福的道路上。

苏轼有兼济天下之志,也有经世报国之才,他为官一任造福一方,徐州防汛,杭州筑堤,儋州授管,兴修水利;晚年曾作过一首自嘲诗:“心似已灰之木,身如不系之舟。问汝平生功业,黄州惠州儋州。”他一心为民，鞠躬尽瘁，死而后已。同样，在校园里，你总能看到一个个矫健的身影一闪而过，他们总在想：我要快一点儿，再快一点儿，这样孩子们就有更多的时间学习。他们的双眼，关注的只有孩子的成长与进步。是什么支撑着老师不知疲倦忘我地工作？是什么让他们两袖清风却又“财富”满载？那是对学生的爱，对事业的执着，对人生的追求。

一支粉笔、两袖清风、三尺讲台，我已选择，便无怨无悔。我将挂着晨曦般的笑容，怀着绿叶般的情怀，默默传承着郑州外国语中学的精髓，播撒真的种子，执行善的使命，树立爱的旗帜，在教育之路上幸福前行！

让学生享受成功的快乐

徐 倩

初为教师,心中总有抑制不住的激动和小小的忐忑,“激动”的是终于实现了自己儿时的梦想,将打开自己人生新的篇章;“小小的忐忑”源于自己的经验不足和不够自信。脑海中时常会出现好多疑问,比如我应该如何上好一节课,我要以怎样的上课方式让学生喜欢我,如果在课堂上被学生问到模棱两可的问题我又该如何应对……伴随种种疑问,我利用假期认真阅读了魏书生老师编著的教育刊物,让我像在迷途中找到了属于自己的那一米阳光,豁然开朗。

兴趣是伴随我们一生学习最好的老师,也是学习最大的动力。关于"兴趣观"一说,苏联教育家苏霍姆林斯基认为学生课堂学习的兴趣是对面前展示的真理感到惊奇甚至震惊,学生在学习中能够意识和感觉到自己的智慧和力量,体验到创造的欢乐,为人类的智慧和意志的伟大而感到骄傲。我们不难从这一观点中获得启发,激发学生学习兴趣和动力的最根本的方法,就是让学生在学习中享受到成功的快乐。魏书生老师在他的教学中一直坚持的教育理念,就是不仅仅要让学生学到知识,锻炼能力,还要使每一个学生(不论程度如何)都能够取得进步,从而"不断获得成功",收获快乐。

这一启示我在教学中也有切身感受。七年级课程有一节内容是"手绘线条图像的表达——会说话的图画",这一课属于造型表现,也是提高学生动手能力的一节实践课。顺利上完整节课很容易,但是想上得生动还不失趣味性,就需要精心来设计整个教学过程了。在上这节课之前我做了很多准备,搜集了丰富的图片资料,在我自认为课件资料准备得比较充分的时候,问题还是出现了。我理想中的效果和最终讲课的结果有些许出入,那就是学生参与课堂互动的积极性不高。课堂40分钟,要做到让学生能够把一种兴趣转化为一种持久的情感态度还真的需要合理的方式方法。在课后反思时,我想到了魏书生老师提到的使学生"享受成功"。于是,在和同组经验丰富的老师交流之后,我尝试着在课堂练习的环节加入抽取卡片的游戏,即《我来画,你来猜》。我请几个学生根据自己抽到的卡片上的内容提示,运用手绘线条在黑板上表达出相应的物象。不限制创作方法,可以用具象的方法再现真实事物,也可以用抽象的方式概括出物象的特征。没想到这一方法使课堂效果出奇地好,不仅课堂气氛活跃,学生的学习热情高,还丰富了学生的想象力。之后,我又将几个没上黑板来表达的学生的作品展示给大家,并让学生自己评价自己的作品,这一环节使学生增强了自信心。其实让我感触最深的是,课后有学生主动找到我,说想让我在他受到表扬的作品上写上评语,他想拿回家好好珍藏这幅作品。他还说这是他上中学以来第一幅受到表扬的美术作品。看着学生开心跑开的背影,我的心反而久久不能平静。没想到我无意的一次点评竟换来了一个学生对学习的热情和信心。这种信心的建立原来不一定要通过考试分数,在我们教学过程中的每一堂课上,甚至是课下和学生的细心交流都能够使学生享受到成功的快乐,原来信心随处可以建立。

工作半年多以来,除了上好每节课,我也总在反思我所任教的科目能否也可以给学生的中学时代留下些许美好的回忆,或者选用某种方式帮助他们记录成长中的点滴。每一次整理学生作品对我来说都是一次美的享受。我也会不经意间被一幅幅生动有趣的画面所打动,我仿佛从作品中能够读到他们的内心情感,或喜悦,或梦想,或小小的忧愁。借画笔放松身心,借色彩抒发一种情感,我想这也正是我最想教给学生的美术的美和价值。

魏书生老师的课之所以上得好,不仅在于他生动的教学模式和亲切的人格魅力,还在于他总是在努力让每一个学生都能在他的课堂上展示出自己某方面的长处。而我目前所能够做到的就是把我所看到的学生的闪光点或某一方面的特长,尽我所能地帮他们展示并做好记录。

一次“致青春”的画展、一本能够用画笔记录成长岁月的画集,我想这也是我这半年多来最大的收获。

爱因斯坦说过:在学校里和生活中,工作最重要的动机是工作中的乐趣,工作所得到的成果的乐趣,以及对该成果的社会价值的认识。我想我工作的乐趣已经找到,我所要继续努力的方向也已明确,那就是一如既往地带领孩子们在学习中享受成功,收获快乐。教会他们用双眼去发现生活中更多的美,用双手继续创造出更多美的事物,用画笔记录下属于他们青春的色彩。

墨迹余香，宁静致远

彭秋丽

“杨绛”，一个始终与钱锺书紧密相随的名字，或许正是由于钱先生实在是光芒太盛，以致杨绛被大多数人忽略了！

在《杨绛：“九蒸九焙”的传奇》这本书里，杨绛终于成为主角，她不再是钱锺书的夫人、钱瑗的母亲，她就是她，一个生动的女人，一个拥有高贵灵魂的精神贵族。

读这本书犹如吟咏一首清朗的童谣。杨

国良先生用他的文字将时光拉回到杨绛在老北京出生的那一刻。此后,其早年的经历如涓涓细流,不时卷起奇趣的水花,虽也偶有打旋的时候,到底一路欢快地流淌了下去。然而书读到一半处,便似遇见一帘急坠的瀑布,心情不断低沉。

看杨绛，跌宕人生

杨绛早先求学于振华女校,而后就读于东吴大学、清华大学,并随钱锺书先生留学英国。十数年时光中,与之打交道的尽是吴宓、梁宗岱、朱自清、叶公超这样的人物,一代民国学人的风华尽数展现在了她的生活记忆中。这一时期的杨绛先生最是享受。无论是女校还是大学,无一不为她提供宽松自由的氛围,其活泼的天性得遇此境,自会生出快乐的情致。她的顽皮、她的娇憨、她的率真,常会带来让人掩卷失笑的故事。人生虽如浮光掠影,但这些如小品式的景象犹如石壁上的镌刻,此生是再也抹拭不掉了。

“文革”时期,杨绛比钱锺书还早三天受到冲击。在这场“轰轰烈烈”的“革命”中,向来和颜悦色、温文尔雅的她,被当成“牛鬼蛇神”,被罚扫厕所,还要时不时接受各种各样的批斗……但她始终坚守尊严与信仰,不卑不亢,智慧坚韧。为翻译《堂吉诃德》,她自学西班牙语,历经磨难,二十年方完成出版。杨绛把最好的年华都献给了那个时代的颠沛流离,中年忍得相思苦,晚年白发送黑发。女婿在“文革”中自杀,女儿在巨大的痛苦折磨下死于癌症,至亲的爱人钱锺书也离她远去,耄耋老人独自承受着生离死别。然而,她从不哭诉、抱怨,而是把内心的悲痛化为学习、创作的动力,写下了《我们仨》《走到人生边上》。生活对她来说有时是苦涩的,但她总是能从苦痛失意中品出甘甜与清香的滋味。在任何困苦面前,内心的安宁总能为她撑起一片天空。

读杨绛,虔诚信仰

我相信这个世界上一定有伟大的灵魂,超越平凡的众生;有宁静的勇气和内心的力量,任多苦多难亦无法摧毁它们。杨绛为我树立了一种人生的榜样:一辈子活在书中,与书相依,由读书获得内心的宁静,让读书成为人生的信仰。

杨绛一生最本真、最持久的信仰就是读书,其读书意识首先源于书香世家的熏陶以及父亲杨荫杭的教育。其次,深厚的家学传统孕育了她扎实的国学功底,多年的海外留学经历使她精通多国语言;在东吴大学"养天地正气,法古今完人"校训的指引下,她把对文化的钟情上升为自己一生虔诚的信仰。

杨绛与钱锺书一生相濡以沫,在精神内涵和价值取向上心灵相通。钱锺书称杨绛是妻子、情人、朋友,绝无仅有的三者统一体。他们因书相识,因书结缘,又因书成为志同道合的伴侣。无论是在战火纷飞的年代,还是遭受"政治风暴",亦或是面对亲人的生离死别,读书治学都给他们提供了最安全的庇护。杨绛和钱锺书所期待的读书境界,是宁静致远,披着隐身衣穿梭在书海之间潜心治学。

士不可不弘毅,任重而道远。杨绛一辈子始终活在书中,在读书中涤除尘世的污垢,抵御孤独、病痛与死亡的来袭。书是她最宝贵的行囊。

品杨绛，心灵回响

反观我自己，一直以来，教师都被认为是“人类灵魂的工程师”，既然要担负塑造人类灵魂的崇高责任，那首先自己就要有“魂”，要有思想，要与时俱进。而提升自己最有效的途径就是读书。冰心老人说：“读书好，好读书，读好书。”读书让我收获了无限的乐趣。因为博览群书，讲课时我时常引经据典，使我的课堂妙趣横生、兴味盎然。作为老师，只有我站得高，才能帮助学生们把生命读得更开阔灵动、豁达乐观；只有我钻得深，才能帮助学生们构建更广袤深邃、多样神奇的心灵世界。所以，我会时常翻开书本，轻嗅它淡淡的墨香，沏一杯清茶，远离喧嚣与纷扰，在宁静中专心致志。

此时此刻，再看先生的照片，茕茕孑立，浅笑安然，却不见丝毫悲欣。她是一位安静、优雅、博学的女性，她有一个高贵、生动而深刻的灵魂。生命之于她，从来不是一袭华美的袍子，而是柴米油盐和锅碗瓢盆。然而，在最平凡的生命中生发的美、生发的感动、生发的生存意义，才最能打动人心。正如那静静绽放的兰花，朵朵幽香。

换个角度，春暖花开

薛 媛

最初在书店看到《我看到的世界和你们不一样》这本书时，就被它的题目所吸引，还有封面上那个在冰天雪地中被企鹅包围住的男人脸上洋溢的灿烂笑脸，我决定买下它，看看他所看到的是一个怎样的世界。谁料，读他的人生就像看一场惊险悬疑电影一样让人放不下，我两天就读完了，而且完全相信他的世界和我们的不一样。

他的旅行之所以那么特别，不仅因为他花

了30年跑遍了180多个国家和地区,脚步遍及世界五大洲和南北极,也不仅因为他传奇般的人生经历和选择,而是因为他希望寻找到一种能够超越语言文化、地理隔阂的心灵感动。

在讲他的故事之前,我先要说说是什么给了他进行环球旅行的勇气。首先,是亲情,是她——他的母亲。他的母亲因为生他时恰逢水灾,泡在了刺骨的冷水里,因此在他出生后1/4个世纪都瘫痪在床。小时候的眭澔平就负责给母亲讲述她看不到的外面的世界。他说:"她不能实现的梦想,我要一个一个地帮她实现。我这么热衷于旅行,就是想给她讲故事。"其次是友情,是她——他的忘年之交好友"三毛"。生前她有一些没有完成的心愿,而作为挚友的眭澔平也在之后的旅途中帮好友实现了这些心愿。最后是他丰富的人生经历。他不仅是电视台的主播和记者,还出过唱片,获过金钟奖,他丰富的人生经历和坚定的信念使他决定进行旅行。

在旅行中,他总能融入当地的文化习俗中。他能让蜜蜂布满自己全身,能深入食人族,能经受部落祭奠中钉子钉穿手掌,敢尝试当地各种奇异的仪式和食物,敢在语言完全不通的情况下和部落家庭亲密相处,甚至能用《在那遥远的地方》和企鹅们交流……一个个故事让人惊叹,好像不可思议的事情奇迹般地发生在了一个人身上。但是眭澔平说:旅行就像是上课,人们内心的恐惧,才是我们这一生最大的敌人,而并不是那些外在打击我们,伤害我们的人、事、物。他认为微笑、信任和爱是不需要语言,不分国界、不论种别的。这也是他能够坚持旅行,而且顺利完成旅行的信念和保障。

读完这本书,我不禁感叹,世界之大在于它的无限宽广,世界之美在于它的不同姿态。可我们为什么有时候会觉得自己的世界被禁锢,自己的生活狭隘,自己的生活一成不变?因为这个世界原本是一次华美的盛宴,而我们却把它变成了一顿快餐。如果能换一种方式去接触、去沟通、去思考,这个世界就变了。那么在我们的生活中呢?作为一名教师,一方面我热爱我的工作,喜欢自己的学生,但是有时候不禁也会感叹生活的单一和工作的烦琐。我为什么不能换一种眼光去看我的世界呢?我究竟对我的世界了解多少?静下心来我才发现,我何尝不是也在享用快餐而没有仔细品味呢。放慢自己的心情,加快行动的步伐,我的世界是不是也可以更精彩?突然发现其实细细品味,我的世界也是一个旅途。记得之前看过一句话,现在想想真的很好:心和身体,必须有一个在路上。古人云:“读万卷书,行万里路。”我又做到了哪一条呢?从某种意义上来说恐怕一条都没有吧。而他的一个个传奇经历带给我的思考是,将心比心,是永远能够得到爱的回报的。爱是世界上最美的语言,作为一名老师,我的爱、我的语言也是教给学生最美的东西。在对待学生的时候,沟通是最重要的。没有一个学生喜欢犯错,没有一个学生天生学习差。我能做的除耐心再耐心,尝试再尝试之外,是不是也应该站在他们的角度,用爱去一点一点地帮助他们,让他们更优秀呢?充满爱地去接触他们,与他们沟通,他们一定能够感受得到。我还要教会他们用另一种眼光看世界,这样他们的世界一定会更精彩,更活泼,更有趣。

换个角度,春暖花开。那些我们曾经苦苦追寻的美好其实一直都在我们身边,我们从来没有失去过,只是我们不曾用心体会。换个角度看世界,那一定是一段有更多惊喜发现的旅途。

用心做教育　用爱为人师

闫　笑

寒假里我有幸拜读了李镇西老师所著的《做最好的老师》一书。初读书名不免感到张扬,但随着一页页的阅读,竟逐渐喜欢上了这本书,也喜欢上了李镇西为师的风格,常常会被他充满智慧和哲理的语言所打动。他从自己身边的故事讲起,朴实形象的语言中透露着诗意,包含着深情。李镇西老师用25年的教育教学经验来回答我们,他教育智慧的精华就是一个“爱”字,因为没有爱就没有教育。

爱学生,说起来容易做起来却很难。我们很多老师都是爱学生的,但当我读完这本书后,深深地反思,我们是真的爱学生吗?我们会爱吗?我们爱的方式、方法得当吗?

感悟之一：爱心永驻，做会育人的教师

有人问李镇西老师:“当一个好教师最基本的条件是什么?”他总是不假思索地回答:“拥有一颗爱学生的心!”

1.了解学生

只有了解学生,才能走进学生的心灵世界,分享他们的喜、怒、哀、乐。李老师善于走进学生的心灵,无论是对待学习成绩好的学生还是学困生,李老师都有一套行之有效的方法,那就是要打开学生的心扉,先要了解学生的个性、兴趣、爱好,然后再进行教育。他为了了解学生、接近学生,常常和学生一起游玩、散步、谈心,甚至和学生通信。在他耐心、细致的教育下,学生不断走向成熟,走向成功。

2.理解学生

理解学生,才能无微不至地关心学生成长中的每一个细微的变化,才能真正走进学生的内心世界,成为他们的亲密伙伴。这种爱,不是表面上的“平易近人”,也不是教师对学生居高临下的“感情恩赐”,更不是为了达到某种教育目的而采取的“感情投资”,而是朋友般平等真诚的感情。

感悟之二：常思妙悟，做会反思的教师

当一名教师缺少反思时，他的行动往往是盲目的。我深刻地感受到自己在教学中值得反思的地方有很多，如和学生谈一次心、上一堂课、组织一次活动，课后我们可以在原有基础上进行教案的修改、调整和补充，并且坚持写教学札记，把自己教学的得失记录下来。叶澜教授认为一个教师写一辈子教案不一定能成为名师，如果一个教师写三年教学反思就有可能成为名师。我相信只要自己保持对教育的激情和反思精神，就能享受到教育的快乐。

感悟之三：开心工作，做会生活的教师

1.阳光思考

先给大家分享一个故事：有位母亲带两个女儿来到玫瑰园。过了一会儿，姐姐说："这里不好玩，我们走吧。"妈妈问："为什么呢？"姐姐回答："这是一个坏地方，因为每朵花的下面都有刺。"可妹妹坚持还要玩一会儿，妈妈问："为什么呢？"妹妹回答："这是一个好地方，因为所有刺的上面都有花。"

这个故事告诉我们：同样一件事情，思考方式不同，给我们带来的心理感受也完全不同。作为一名教师，自己应从职业优势中寻找人生的乐趣：我们不与经商者比财富——你"财源茂盛达三江"，我"桃李缤纷满天下"。这样的阳光思考会让我们感觉到满足和幸福。

2.和谐相处

和谐相处需要宽容。什么叫宽容？当你的一只脚踩到了紫罗兰花瓣上时，它却把芳香留在了你的脚上，这就是宽容。面对学生，我努力使自己头脑不那么固执，思想不那么僵化，眼界不那么狭窄，尊重多样性，珍视个性，和他们换位思考，习惯“一个世界，多种声音”。

什么样的老师才是最好的老师呢？“做最好的自己”强调的是自己和自己比，不断地超越自己——我今天备课是不是比昨天更认真了？我今天上课是不是比昨天更精彩？我今天找学生谈心是不是比昨天更诚恳？每天都这样自己和自己比，坚持不懈，我便能不断地向“最好的教师”的境界靠拢。

回首自己走过的路，我不禁惭愧万分。但拜读李老师的书，却仿佛使我进行了一次精神洗礼。“教育是事业，其意义在于奉献；教育是科学，其价值在于求真；教育是艺术，其生命在于创新。”在我的教育生涯中要做到献身、求真、创新，就必须多读书、多思考。

同仁们，“路曼曼其修远兮，吾将上下而求索”。让我们生活在书籍的世界里，追求思想的宽广，享受文化的盛宴，聆听智者的声音，为“太阳底下最光辉的事业——教师”而奉献毕生的力量吧！

燃烧的生命

——读《渴望生活:梵高传》有感

毛　超

阿尔的太阳依旧灼热,阿尔的狂风依旧暴烈,无数金色的向日葵依旧在烈日与狂风里恣意而热烈地盛放,但曾经拥抱这一切的那个焦灼不安的灵魂,却早已在苦难中离去。

终身执笔但却在生前未能卖出一幅作品而穷困潦倒的画家梵高,孤独地行走在田野里,始终被视为异类,只有画架陪伴。曾经听闻过爱情的脚步,却都一次次因为贫穷而被匆匆遗弃。早年的梵高梦想成为像父亲一样的传教士。他与矿工们一起下井干活,他渴望帮助那些穷困的矿工们,但是穷困和身体上的病痛让他不得不离开那些他所希望帮助的人们。对于作为画者的梵高而言,有着一颗赤子之心的他眼见高远,感慨深邃,他徘徊过,用不同的方式试图表达自己内心的情感,最后他决定把自己的思想热情付诸纸张,用色彩与布局,描绘出他渴望与人们分享的一面。于是他在纸上一遍遍地构建描摹自己的内心世界,属于他的纸上帝国拔地而起。

你永远不可能做到对任何事情都确有把握,你能做到的就是用你的勇气与力量做你认为是正确的事情。结果也许会证明你的所作所为是错误的,然而至少你是去做了,这才是最重要的。这些话让我想到了自己,想到了自己的职业,想到了自己的理想或者梦想。反思自己目前的工作状态,从站上讲台那一天起,我一直都是小心翼翼的,一如《诗经》所言,“战战兢兢,如临深渊,如履薄冰”。因为学问粗浅,生性放诞,自觉不是一个可以身为人师的人,师范学院“学高为师,身正为范”的校训时时拷问我的内心,让我如芒在背,坐立不安。教书育人是个良心活儿,不允许出任何纰漏。失误对于自己可能是某一届或某一个学生没带好,而对于学生可能足以影响其一生。人得学会负责,教师的职业特性要求我们更要学会负责,而且是对别人负责。

大学第一节文学欣赏导引课上,山林老师告诉我们:“文学是关乎人类灵魂的学问。”毕业之后目睹了太多的沉默和冷漠,觉得学校教育要能主动承担更多的社会责任,去扶正那些倾斜的道德之旗,语文课则是最好的途径。韩愈说:“师者,所以传道、受业、解惑也。”多少年来,人们似乎更注重老师的“受业解惑”,而忽略了他“传道”的前提。

在一些方面,社会信任纽带的断裂,使许多助人为乐的热心人却步,当“救人有风险,出手需谨慎”之类调侃的俚语在网络流行时,当看到“做好事可事先留证据”的善意提醒时……我不禁哑然,试问:谁该来扶正已经倾斜的道德之旗?

毫无疑问,学校教育必须激流勇进,主动承担起这一责任。让每一个有潜力的学生能通过在校教育为其人生奠定一个腾飞的平台,或让学校教育为优秀学生的腾飞助一臂之力;让每一个不能腾飞的学生通过学校教育为自己的心灵打上道德的烙印。这是我的理想、我的教育理想国。毋庸置疑,并不是每个学生都能考上名牌大学,并不是每个学生都能通过学习实现自己人生的价值,学生总是要分流的,流到社会的各个阶层。为他人分忧,而不要为自己;克制我们的自私,展现我们慈善的情感,这些组成了人性自然的完美。人在追求物质利益的同时,要受道德观念的约束,不要去伤害别人,要帮助别人,这种“利他”的道德情操需要永远种在人的心灵里。

“春蚕到死丝方尽,蜡炬成灰泪始干。”选择了教师这个职业,就意味着选择了奉献,我们燃烧自己只为文明的薪火相传!而燃烧是痛苦的,而且这种痛苦更多时候伴随着一种不被人理解的孤独。但也正如梵高所说:“生活对我来说就是一次艰难的航行,但是我又怎么会知道潮水会不会上涨,及至淹没嘴唇,甚至会涨得更高呢?但我将奋斗,我将生活得有价值,我将努力战胜,并赢得生活!”

在文森特·梵高短暂而绚丽的生命历程里,他用画笔与世界沟通,表达他对生命、美好、纯洁的渴望及追求。他如凤凰涅槃般在熊熊烈火中迅速凋谢,却留下最灿烂的生命火焰。我们用心和爱与孩子沟通,留下的将是亘古不灭的知识火种！生命可以消散，精神却可以永恒！

此时我的眼前浮现出这样一幅画面：阿尔的太阳依旧灼热，阿尔的狂风依旧暴烈，无数金色的向日葵依旧在烈日与狂风里恣意而热烈地盛放……

做一个点燃火焰的人

——读《释放你的教育智慧》有感

朱春华

教育不是灌输，而是点燃火焰！

——苏格拉底

记得我曾听过一个故事，讲的是一个点亮蜡烛的盲人。有一条路很长，也没有路灯，在夜里人们需要不断往前走，这当中包括了一个盲人。每个人的唯一财产都是一根蜡烛，所以都舍不得点亮它。有的人想着第二天到集市变卖，也有的人想着为什么要用自己的，别人点亮了也能顺便照亮自己的路。就这样，结果大家都在摸黑往前走，推搡着，嘴里咒骂着。因为看不见所以人人没有安全感，小小的摩擦就破口大骂，不断发生打架甚至刀片划脸的事情。盲人没有多想，一上路就把蜡烛点亮了，平安地走完全程。这时候，有人好奇地问他："你不是看不见吗？明眼人都不点蜡烛，你看不见，关你什么事呀？"盲人笑笑，回答说："这样做，别人因为看得见我所以不会来撞我，而且我周围的人因为看得见四周也就会和睦相处。"

我多想做一个点亮蜡烛的盲人，点亮蜡烛，照亮孩子，照亮社会，期待感染别人，传递下去。叶兹说："教育不是把一只水桶注满，而是点燃一堆火焰。"是的，用我的微薄之力点燃它，传递它，用它感染孩子，用它来充实自己做一个有故事的人，甚至用它来实现中国教育梦。点燃的过程是艰难的，感染的过程、传递的过程更是漫长的，但我始终相信最痛苦的正是最美好的岁月，后来回忆起来的时候才会更加幸福。我选择了自己想要的，在自己的人生路上，最起码做一个有故事的人，做一个点燃火焰的人，去照亮教育现实通往教育理想的道路。

我不禁问道：该如何点燃火焰呢？徐建平老师的《释放你的教育智慧》带我走上了点燃火焰的征途。

用真心点燃——"身无彩凤双飞翼，心有灵犀一点通"

徐建平老师送给青年教师这样几句话：认真做事可以把事做对，用心做事才能把事情做好。一位教师不在于你教了几年书，关键看你用心教了几年书。用心了,你就会刻苦钻研;用心了,你就会不厌其烦;用心了,你就会虚心求教;用心了,你就会不怕辛劳;用心了,你不仅投入时间,而且还会投入精力、投入情感。凡是脱颖而出的青年教师,工作、学习都是非常用心的。读罢,我便开始细想自己这一年的教学工作,是否做到用心。从备课、上课、批作业、汇报课到与学生的沟通交流,我是否做到了呢?记得期中考试后,我中午在班里批改作业,一个学生走到我面前,天真地对我笑道:"朱老师,用你的心赢得我们全班同学的心,相信咱班成绩会越来越好,加油,老师!"说完,他便跑去食堂吃饭了,留下我一人在班里久久回味这句话。孩子不经意间的一句话,竟然道出了教育的真谛。用心去做,用心对待孩子,始终保持"遇上你是我的缘"的心态,始终相信孩子和我心有灵犀,终会有一点通的时候。只要真心付出,相信我与孩子定能创造出神奇的业绩。

用文字点燃——"读万卷书,行万里路"

"声音是可以传递笑容的",文字更是如此。徐老师在文中强调,在与学生的沟通、交往过程中,有一些细节如果抓得准、每一个抓手都顾及学生的心理感受的话,我们的教育教学会有效得多。细细想来,作为语文老师的我,不仅仅可以在课堂上用声音传递我的笑容、我的激情,课下的时候,文字更是我得心应手的一个武器。于是,我也不断用多种形式尝试着,直到我发现了文字在教学中的魅力。

记得那是一个周三下午的语文连排课,课前一支歌时,学校放了一首李宇春的《和你一样》,但班里很多同学都不会唱,甚至连歌词都不知道，借着这个机会，我便在黑板上写下：我和你一样，一样的坚强，一样的全力以赴追逐我的梦想……我和你一样，一样的善良，一样为需要的人打造一个天堂……所有的付出只因爱的力量，和你一样。黑板上的文字，引来了学生们的惊讶，接着我分享了这首歌与我的缘分，以及在我最艰难的时候带给我的力量，我看到孩子们眼神中的惊讶与震撼。随后，我与大家一起唱了这首歌，作为我见证他们成长的第一步。第一年的教学，也许没有经验，但我在慢慢摸索着，现在我能和他们分享的只有我们共同见证的彼此的青春。

文字的魅力需要契机，更需要发自内心。我与班里的很多学生通过平时的作业、随笔、读后感慢慢建立起了我们的小小天地。除了书本知识，更多的则是我们在课外以书信形式的海阔天空，天南地北。孩子们的心时大时小，时忧时乐，我们在相互倾诉着彼此的梦想。记得一位叫周洁的学生曾大胆地（她自诩道是胆大）向我道出对我教学中的一些建议，却没想到我竟然以回信的方式委婉告知了我内心的想法，从此也便开始了我们犹如姐妹般的通信倾诉。在学习林海音的《爸爸的花儿落了》这一课时，我让学生写一篇读后感，她写了长长的一篇告诉我：她也很想自己有一天能够在阳光下，回想自己的往事，静静地用心写自己的文字。“孩子，读万卷书，行万里路，你终会做到的！”文字是美的，和孩子们进行这种文字沟通之旅是我这一年工作中最享受的一件事。

用激情点燃——“衣带渐宽终不悔，为伊消得人憔悴”

“其为人也，发愤忘食，乐以忘忧，不知老之将至云尔。”这是孔子的长寿秘诀,我在这里把它当作自己为人师所追求的境界;这是一种激情,一种动力,一种力求在教育中寻求乐趣的快乐。激情是课堂必需的,是作为教师要营造的氛围,更是作为教师要从心底里散发出来的。美国散文家爱默生说:“不倾注激情,休想成就丰功伟绩。”激情是一种强劲的情绪,能激发潜能,释放能量。苏霍姆林斯基认为有激情的课堂教学,能够使学生带着一种高涨的激动情绪从事学习和思考,面对展示的内容感到惊奇甚至震惊,学生在学习中感受到自己的智慧和力量,体验到创作的欢乐,会为人的智慧和意志的伟大而感到骄傲。教师需要激情,因为没有激情的教师,备不出活力四射的课,教不出思维敏捷的学生。没有激情的教师,就像一潭死水,漾不起半点涟漪。没有生命力的教育是没有意义的。我国著名教育家于漪认为激情是教师必不可少的素质。美国学者伍德说过这样一段非常精彩的话:“想要成为好教师可能在多数情况下都是志向更高和激情奔放的。伟大至少一部分出自天赋,这是无法传播的。然而,伟大的教师一定是激情的教师。”伟大的学者们告诉我:胸怀激情,教书育人,乃教书之道也。

真心、真实、文字、激情……前方的征途还很漫长,众多的火焰还需点燃,徐建平老师的教育智慧留给我的思考还很多很多……让我做一个点燃火焰的人,用真心、用真实、用文字、用激情去点亮孩子学习的火焰,点燃语文课堂,点亮中国语文梦,点亮孩子的幸福人生吧！前路漫漫,也许我现在所拥有的还不够点燃这把火焰,但吾将上下而求索,甘愿“为伊消得人憔悴”!